U0961543

侨厝流芳

福建侨乡揽胜

福建同心文化丛书编委会 编

海峡出版发行集团
THE STRAITS PUBLISHING & DISTRIBUTING GROUP
福建人民出版社

福建同心文化丛书

《侨厝流芳——福建侨乡揽胜》
编委会

总序

"国家之魂，文以化之，文以铸之。"

习近平总书记关于做好新时代党的统一战线工作的重要思想是坚持"两个结合"、推进马克思主义统一战线理论中国化时代化的最新成果。《福建同心文化丛书》，是福建统一战线贯彻落实习近平文化思想和习近平总书记关于做好新时代党的统一战线工作的重要思想的一项合力之作。

同心文化，作为中国特色社会主义文化的重要组成，其精神之源可追溯于中华文明数千年长河，其思想基础构架于中国化和时代化的马克思主义统一战线理论，其实践之路贯穿于中国共产党百年光辉历程。

2024年10月，习近平总书记亲临福建考察并发表重要讲话，强调"要在提升文化影响力、展示福建新形象上久久为功"。福建，夙称"海滨邹鲁""文献名邦"。山海相拥的地理环境，文脉郁郁的人文历史，薪火相传的红色基因，积淀了多元、包容、开放的八闽文化，成为中华文化的重要组成部分。福建，也是重要的统战工作大省，多党合作传统深厚、五十六个民族融合团结、五大宗教源远流长、民营经济活跃、港澳台侨同胞众多，留下了同心文化发展的独特脉络。

统战工作是做人的工作、做人心的工作。这部书系以“人”为主角，是对中华优秀传统文化内核的追寻和致敬，也是对统一战线本体问题的思考与领悟。他们，有舍生取义的民主先贤，有身披云彩的知识分子，有热爱家国的民族群众，有勇猛精进的高僧大德，有爱拼敢赢的闽商群体，有两岸一家亲的见证人和守护者，有逐浪远行、心系桑梓的华侨华人……他们，还是谱写强国建设、民族复兴团结奋进同心篇章的海内外中华儿女。

与福建统一战线相关的这群人、这些事，经由接续的努力，从散落的资料、尘封的往昔中被更多地挖掘，在萌发的故土、辽远的世界上被更好地讲述。经由他们和他们的故事，我们可以更清晰感受到大道同行的多党合作文化、多元一体的民族文化、源脉千年的宗教文化、爱拼敢赢的闽商文化、同根同源的闽台文化、恋祖爱乡的华侨文化等富蕴同心的厚重文化在福建的呈现。

也许文字在纸面上是无声的，但文字呈现的文化信息、文化思想则是生机蓬勃的，经由人的阅读与理解，经由人的探索与实践，又将推动新的创造性转化、创新性发展。

当我们的征途召唤更多的同行者，当我们的事业需要凝聚更多的人心、共识、智慧、力量，承载着“以文铸魂、以文润心、以文赋能”历史使命的这部书系，经过有关领导、专家学者与各界贤达的共同努力，呼应了嘱托和希冀，展开了空间。

我们诚挚地表达感谢，感谢为书系立意推进、关心备至的您，感谢不舍昼夜、伏案写作的您，感谢精益求精、细微考究的您，也感谢正开启阅读、将同赴新程的您。

共溯同心源，共识同心人，共走同心路，共续同心史，共享同心福。同心文化是岁月沉淀的，见证统一战线同行之路；是时代当下的，映照统一战线同心发展的生动篇章；是延伸向未来远方的，行将展开更多的壮美图景。同心文化的精神力量与当代价值，将伴随我们一路同行。

是为序。

福建同心文化丛书编委会

目录

前　言

习近平总书记指出："华侨一个最重要的特点就是爱国、爱乡、爱自己的家人。这就是中国人、中国文化、中国人的精神、中国心。中国的改革开放，中国的发展建设跟我们有这么一大批心系桑梓、心系祖国的华侨是分不开的。"

正因为华侨爱国、爱乡、爱家人，所以有了侨乡；正因为华侨坚守中国人的精神和中国心，所以铸就了华侨精神；也正因为华侨心系桑梓、心系祖国，所以孕育了特色鲜明的侨乡文化。

福建是我国著名的侨乡。长期以来，一代又一代闽籍海外侨胞秉承"爱国爱乡、海纳百川、乐善好施、敢拼会赢"的优良传统，总是把自己事业的发展与国家、民族的兴盛紧密联系在一起，涌现出以陈嘉庚为代表的一大批杰出人士。

在福建的许多地方，人们将房子称作"厝"，盖房子，被称为"起厝"。"侨厝"就是闽籍侨胞在故乡的居所，或他们在家乡出资兴建的建筑（群）。它们中的一些，继承和发扬了中国传统建筑样式，另一些则吸纳西方建筑元素后呈现出了新的样貌，在中国近现代建筑形式上独树一帜。然而，长期以来，除了学术领域的个案研究外，鲜见专门以“福建侨厝”为主题的介绍性读本。本书有志于在该领域做出一些有益探索。

如果说“建筑是凝固的乐章”，那些在建筑中生活、学习、工作的人则让这些乐章流动了起来。在《侨厝流芳：福建侨乡揽胜》一书中介绍的侨乡建筑（群），涵盖了民居、商业建筑与公益建筑等3种类型的优秀样例。本书通过“建筑小档案”“人物与历史”“建筑特写”“建筑保护”“活化新生”等视角，以图文并茂的方式，集中展现福建侨厝的建筑艺术价值与历史人文风貌。这些侨厝的意义不仅是一种“见证”，其中许多建筑依然延续着原有的功能，具有活态遗产的特征，更重要的是，它们作为福建华侨文化和华侨精神的载体，能够将老一辈侨胞吃苦耐劳、顽强打拼、勤俭节约、回报家乡的优良传统代代传承下去，促进全天下有“福”之人同心筑梦、团结奋进。

本书编委会

2023年10月20日

福州篇

01 采峰别墅

（林双伟 / 摄）

建筑小档案

采峰别墅位于台江区上杭路122号，由福州籍马来西亚华侨杨鸿斌于1920年出资建设，是福州保存最为完好的近代中西合璧民居建筑之一。据说，“采峰”之名意为“采五峰之灵气”。“五峰”是指宅院坐落的大庙山、背靠的乌石山、面对的藤山（即烟台山），以及宅院左面的鼓山和右面的旗山，体现天人合一的中国传统择地理念。

人物与历史

杨鸿斌（1884—1974），福州市台江区浦西长汀村人。他幼时家境贫寒，早年靠卖光饼谋生，19岁赴马来西亚槟城打拼，聪明好学，做事干练，深受老板器重。之后，他集资创办振光有限公司，经营进出口贸易业务及橡胶业、椰林种植业。因经营有方，诚信为本，历经数年的艰苦创业，发展成槟城商业界的巨擘。1920年，事业有成的他回到家乡，开始建造采峰别墅，从动工至落成花费5年多时间。

杨鸿斌谦恭诚信，忠厚待人，且热心慈善事业。为团结、联络在槟城的福州籍华侨乡亲，他发起成立“槟城福州会馆”，担任永久理事长，并出资购买地皮，建设会馆。为使福州籍华人子女传承不忘故土、恋祖爱乡的优良传统，杨鸿斌出资创办“三山学校”，自任校建委会主席。此外，他还担任“福建公会”和槟城“平章会馆”的信理员及其他华侨社团要职。

建筑特写

采峰别墅正门设在上杭路上。进入大门后是一个斜坡，即“马道”，长60米、宽5米，直至坊门口。坊门是西洋式的，后面有一个广阔的平台被打造成中式传统园林风格。从平台再上十余级台阶，就是别墅的主体建筑。主楼设开敞式挑廊，朝向正

（叶诚／摄）

南，连通北、东、西三面，其平面布局呈倒“凹”字形。东、西两侧是八角形耳房，亦设开敞式挑廊，与主体建筑相连，均为上下两层。第一层架空0.8米，利于通风避湿。第二层建半月形观景阳台，屋面大部分为坡屋顶，小部分为平台。二层为木板楼面，室内设有古典式壁橱角柱。建筑用的地砖、木材均从海外运来。砌墙用砖系专门烧制，上有“采峰”字样，并引进钢筋混凝土技术，解决了建筑物大跨度、大出挑等技术问题，可见别墅建造之考究。别墅建筑融西式营造工艺与中国古典建筑装饰为一体，处处皆是“中西交融”的印记。

值得一提的是，别墅中的花窗造型繁多，不少花窗上部是中式传统花格，下部是西式玻璃窗，还有类似哥特风格的造型，因此，别墅也被称为福州“花窗博物馆”。

活化新生

为了恢复别墅原貌，修复方将倒塌的墙砖收集起来，重新砌起墙体。花园内的亭子也依照原貌重建，使得采峰别墅重现当年韵味。2019年国庆期间，经过保护提升后的采峰别墅首次亮相，并承办了“台江新貌　魅力双杭”摄影展。时隔两年，在2021年国际古迹遗址日，这座中西合璧的百年古厝借由举办“百年商埠——上下杭人文历史艺术展”的机会，再一次与市民、游客见面。

（原浩／摄）

目前，采峰别墅已常态化开放，来参观的游客络绎不绝。这座百年侨宅，经修复后重新焕发光彩。它就像一座丰碑，诠释着爱国华侨的桑梓初心，也见证着上下杭的商贸繁华，还将续写更多的传奇和佳话。

02 青年会

建筑小档案

青年会位于台江区江滨西大道357号，屹立于闽江之畔，面朝万寿桥（今解放大桥），占地面积3000多平方米，建筑面积7000多平方米。它是福州近代最早、最大的综合大楼和地标建筑，也是我国较早的综合楼之一。20世纪，福州曾流行这么一句话："去青年会看电影，去天华前听戏。"当时，青年会电影院是福州人文化娱乐的一大去处。

人物与历史

青年会大楼由爱国侨领黄乃裳（1849—1924）倡建。黄乃裳时任福州英华、培元、福音三校教务长，并被推选为福州基督教青年会会长。他统筹募资5万余银元，购置地皮筹建了青年会大楼。

1931年九一八事变后，全国各地抗日救亡运动迅速兴起。青年会大楼成为当时福州抗日救亡运动重要的活动基地之一。1936年初，郁达夫来到福州，最初落脚点就在青年会宿舍。他将青年会作为活动点，宣传抗日救亡的思想。

这里不仅是福州的抗日宣传阵地，还是解放战争时期中国共产党的地下秘密交通站。抗日战争胜利后，中共福建省委在青年

会旅社401号房美国新闻处驻榕特派员办公室设立了交通站，为共产党的地下工作做出了贡献。

建筑特写

青年会大门口墙上青石碑上刻有“基督教青年会”6个字。整座楼房由红砖砌成，前楼三层，后楼四层，中间以天井相隔。地板则全用上等楠木铺设，至今仍保留完好。前楼右边二层至三

层，原为青年会大楼的教室和学生宿舍，一层为西餐厅、学生会部、理发厅和淋浴室，左边一层为电影院、总干事办公室、女青年会部、会议室，中间是大厅。后楼地下室为游泳池，楼上还有健身房、乒乓球室、台球厅、图书馆和阅览室。除此之外，大楼内设有福州当时唯一的室内灯光篮球、排球两用球场，二层四周均为观众席，可容纳数百人。

当年的青年会有着众多的功能配置，且面向社会各界青年开放。这里不仅教授科学知识，传播革命思想，还为爱国青年提供了联络平台。

活化新生

2004年6月，青年会地下秘密交通站旧址被台江区人民政府公布为文物保护单位、红色旅游经典景区。2021年4月28日，台江区在青年会举行“新青年大讲堂”启动仪式和揭牌仪式，将青年会打造成台江区党史学习教育新阵地。

2008年青年会被列入台江区重点商贸项目，相关单位对大楼进行了修复。按照“修旧如旧”的原则，修复后的福州青年会，其方正造型、欧式门窗、红砖青瓦等元素均得以保留，同时正门被改为面向中亭街和上下杭，内部结构在最大限度保留原貌的情况下，建成了集餐饮、娱乐、商业、休闲于一体的一站式消费中心。如今，青年会已成为中西合璧、时尚互融的“新文化地标”，展现出蓬勃生机。

03 心远庐

建筑小档案

心远庐，建成于1920年，位于仓山区盖山镇郭宅村七星桥东侧，毗邻福州南二环路，是马来西亚华侨郭钦荣所建的两层南洋式红砖古厝。

人物与历史

据《汾阳玉湖郭氏家谱》记载，唐朝汾阳王郭子仪长房九代

嫡孙郭华于北宋建隆元年（960）举族迁居到福州闽江支流白湖河畔，郭家人居住地被称为“郭宅”，村名也由此而来。郭宅村是著名的侨乡，目前有上千名郭氏族人侨居东南亚、欧美等地。他们艰苦创业，互相提携，其中不乏商界精英和科学界、政界名人。

1917年，郭氏族人郭钦荣从马来西亚回国，历经三年多时间，建成心远庐。这里不仅走出了嘉里集团董事长、香格里拉酒店创始人郭鹤年，还培育了中国汽车工程领域的第一位院士，郭钦荣之孙、郭鹤年的堂侄郭孔辉。

建筑特写

心远庐是一座东南亚风貌和中国传统风格兼具的砖木结构建筑，占地面积825平方米，总建筑面积约730平方米，造型巧夺天工。大门门面为葫芦状，这是郭钦荣按照他在马来西亚的宅邸复

制的。一楼设有回廊，窗户为拱窗，室内楼梯为蝴蝶式。

楼前庭院里，1块石碑和8根圣王宫戏台石柱格外显眼，石碑上刻着“嘉庆”“福州府闽侯县”“奉宪”等字样，石柱上镌有楹联，每个柱头上立有坐姿石像，相传是明末清初的工艺。

活化新生

随着南台岛的城市化进程，2018年，郭宅村举村搬迁。但为了留住乡愁，守护侨乡群众的精神家园，2019年，盖山镇将修缮后的心远庐改建成郭宅博物馆，郭鹤年亲笔题写博物馆馆名。2021年3月，经过修复后的郭宅博物馆正式开馆，面向公众开放。

博物馆共有8个篇章，通过实物展示和图文并茂的解说，介绍郭宅村内30多处文物和历史建筑、郭宅非遗竹编工艺的发展史、郭宅家风家训及兴学育才的故事，再现千年郭宅村的前世今生。郭宅博物馆现在还是北大、清华校友活动基地及古琴、竹编等非遗技艺的传承基地。当地通过定期举办各类活动，着力把博物馆打造成一张推介侨乡文化的新名片，让群众走进来，让古厝活起来。

04 长柄村侨厝群

建筑小档案

马尾区亭江镇长柄村现存有200多栋南洋特色建筑，沿着村庄主干道前后分布，街巷空间结构完整，基本由长柄村侨胞侨眷建于20世纪四五十年代前后，具有浓郁的东南亚建筑风格，其中最具有时代色彩的代表性建筑有43栋，其风格独特，形态各异，排列有序，蔚为壮观。一栋栋“南洋厝”见证了华侨筚路蓝缕、奠基立业的奋斗史，堪称“长柄记忆”。

人物与历史

1911年，长柄村人杨人月随父前往新加坡谋生，他们时常帮助乡亲们传递信件和捎带私人物品。杨人月人品敦厚、为人诚信，深得侨民、侨眷的信任，找他捎带信件和物品的人越来越多。他靠着勤俭积累的资金在哇里街开起船务公司，时常协助福州侨亲到新加坡谋生，吸引了“闽江口十八乡”乡亲们前来投奔。杨人月逐渐得到当地侨胞的拥戴，享有很高的声望，后又开设汇兑庄，帮助同乡把思念和汇款装进一封又一封的“侨批”，越过重洋，寄回家乡。后来，他又在福州开设金铺分号“信泰商行”，经营侨汇。靠着苦心经营、乐善好施和积极投身抗日战争的义举，他成为当时新加坡的知名侨领，且被推选为新加坡政府

梅品

的参议员。

建筑特写

长柄村南洋厝建筑吸收了女儿墙、砖雕等中式传统建造技法和罗马柱、马赛克地砖等西式建筑元素，十余条雅致巷道穿插其间，形成了极具特色的南洋风格建筑群。科学的村庄规划和独特建筑风貌，呈现出长柄华侨在将海外优秀文化与本土文化相结合过程中的创新精神和智慧。

活化新生

长柄村依托政策扶持，从村情实际出发，发挥区位优势，为侨厝保护利用工作增添动力。通过制定初步保护规划、修缮历史建筑、整治周边环境等方式，为游客提供更好的观光体验。成立福建龙津振乡文旅发展有限公司，经营长柄村特色文化品牌。积极探索活化利用海外侨胞闲置的南洋厝，吸引“新村民”进驻，推进“十室百人”工作，目前已吸引落户“长美术馆”、“随喜”咖啡馆、摄影工作室、茶室等新业态入驻，打造精品文旅线路，推动产业结构由单一向多元转型升级，助力打开乡村振兴新局面。

05 郑孝成宅

建筑小档案

郑孝成宅，位于长乐区猴屿乡猴屿村白田下路，建于1946年，是华侨郑孝成所建的一幢四扇三间、一进二层式楼房。

人物与历史

郑孝成出生于1896年，21岁时赴新加坡，在货轮上当海员。日本偷袭珍珠港后，郑孝成所在的货轮被盟军海军征用，后来承担了诺曼底登陆的运输任务。1945年，郑孝成返回家乡，建起小洋房供家人居住。郑孝成有一子一女，其子郑忠财20世纪50年代移居香港，后迁至美国，是知名的爱国侨领，带头并发动海外乡亲捐建猴屿华侨小学、幼儿园等，被誉为猴屿村公益事业的“当家人”。

建筑特写

郑孝成宅前后有天井，二楼有回廊，整体用料考究，坚固适用，颇具明清时代古典宅院风范。楼房中堂有精致的人物、花卉、动物等彩绘、雕刻装饰。除了保留老式建筑结构之外，还陈

设有不少富有地方特色和年代印记的藏品。

活化新生

猴屿乡充分发挥侨乡文化资源优势，将郑孝成宅打造成华侨书院，通过展陈、观赏与阅读相结合的方式讲好华侨故事，弘扬华侨爱国爱乡精神，吸引越来越多的游客慕名而来。

06 陈白林氏祖屋

建筑小档案

陈白林氏祖屋坐落于福清市渔溪镇侨丰村陈白自然村，该建筑由旅居印尼万隆的林元榦于1916年建造，至今已有100多年历史。祖屋为依山而建的一前一后两座大宅院，借红砖小广场连成一体。

人物与历史

林氏祖屋门前有一棵“樟树王”，树干粗壮，大树从底部分叉两个树干，再往上又枝连枝地紧紧相拥，联合织出巨大的树冠，树冠枝繁叶茂，郁郁葱葱。传说这棵樟树是林元榦远赴南洋那天与父亲一起种下的。林元榦谨记父亲的嘱托，在印尼踏实敢干、乐于助人，事业就像他手植的樟树一样茁壮成长，越做越大。20世纪初，年事已高的林元榦寄回巨资，让儿子林真福在家乡建设新宅，即现在的林氏祖屋。

建筑特写

该建筑坐北朝南，为前后三座二进式，封火山墙双坡顶建

筑，总占地面积约2000平方米，其中包括正座建筑、左右护厝和四座砖土结构的方形铳楼。该建筑傍山而建，与前面两座古民居连成一体。前两座为传统民居，据说是林家先人于明朝中期下南洋后而建；后座即正座，为中轴线对称式的土木结构六扇厝，其建筑风格具有鲜明的中西结合特征。房屋内外多处精美的雕塑和彩色壁画，诉说着这座古厝的百年辉煌。

该建筑外观为清末民初民居建筑风格，而一进大门会发现别有洞天。侨厝共有99间房，内部装饰为中西结合风格。其结构为两层楼三理对称式，两埕一厅，正座有房27间，附属左右各有30间，正座前大埕东西各6间，二楼东西南北各有一个书房，供家人藏书、读书。

屋内所有厢房的门窗上，都刻有造型各异、栩栩如生的古代人物、飞禽走兽及名言佳句，做到了屋屋有景、处处精致。每扇窗户都有精美的中华传统诗画，每间房门前都有励志向上的楹联，反映林家深厚的文化底蕴。而坐落在侨厝四角的碉堡，则是清朝末年建造，起到保护家宅的作用。

建筑保护

经历了世纪沧桑的林氏祖屋不仅是当地华侨史的重要物质遗存，更是海外华侨团结奋斗、恋祖爱乡精神的见证，目前已被福清市列入未定级的不可移动文物。

07 宏琳厝

建筑小档案

宏琳厝，坐落于闽清县坂东镇，由新壶里始祖黄祖嘉于清乾隆六十年（1795）始建，长子黄宏琳四兄弟续建，历时28年才全部落成，距今200多年，为中国最大单体古民居建筑，素有“民间故宫”之称。

人物与历史

“勤俭崇文”是宏琳厝历代相传的祖训。黄氏族人重视教育，曾办有崇文书院，后不仅扩建了规模，还主张在全县扩大招生，远近闻名的文泉书院由此诞生。1913年书院改为闽清私立文泉中学校，现为闽清县第二中学。2017年，马来西亚诗巫黄乃裳中学与闽清二中结为姐妹校。

黄乃裳（1849—1924）出身于闽清六都湖峰业农之家。他在福州创办《福报》，并积极支持“戊戌变法”，曾8次上书，主张痛陈兴革，后被缉捕。1900年，他在马来西亚沙捞越诗巫附近创办新福州开垦公司，招募乡人垦殖。1904年6月，在开垦诗巫4年之后，黄乃裳回国积极投身革命事业，他曾介绍宏琳厝黄氏族人加入同盟会，并在宏琳厝编写北伐军的通告、军歌等。他还致力于振兴教育和实业，多方努力吸引侨商投资家乡建设。

坂东镇的华人华侨在异国他邦谋生创业，在政治、医学、商业等方面皆颇有建树。同时，他们不忘根祖，热心家乡的教育、医疗等各项公益事业，捐资修桥、铺路，兴建教学楼、图书馆、医院、老人活动中心，创立奖学金扶贫助教等。据不完全统计，近40年来，华侨在坂东镇捐资兴办各项公益事业达8000多万元。

建筑特写

宏琳厝是两层半土木结构三进房屋，主轴线两边设置平衡。由虎头门直入三进，各进之间隔一横街，由过雨亭相连。其中，第一进由家中的小字辈居住，第二进由家中的中字辈居住，第三进由家中的老字辈居住。建筑共使用木材7万多根，占地面积1.7

万多平方米，有大小厅堂35间、花圃25个、天井30个、风火墙36堵、水井4口、大门13扇、住房666间。

“宏琳厝”厝名的牌匾是由时任福建省委书记项南题写。二进大厅正上方悬挂“勤俭崇文”匾额，书写者是宏琳厝第六代孙黄开云，曾任福建省卫生厅厅长。第二进屏风门上有一块“庄敬日强”匾额，由郭沫若先生所题。

活化新生

2005年，宏琳厝被评为省级文物保护单位；2012年，被列入省级“党史教育基地”；2015年，获评国家3A级旅游景区。2016年，宏琳厝在洪灾中严重损毁，随后开展了修缮保护工程。本着“修旧如旧”的原则，采用传统工艺最大限度还原宏琳厝的历史风貌，2020年，宏琳厝全面完成修复工作。近年来，当地深挖侨乡资源，紧扣侨乡特色，以宏琳厝为中心，着力打造坂东镇侨乡文化旅游景区，特别是利用春节、中秋节等传统节日，推出游古厝、逛古街、盘诗、书画展、诗靶等富有传统文化内涵的活动，吸引四方游客慕名前来。

厦门篇

01 黄家花园

（蔡松荣／摄）

建筑小档案

黄家花园位于鼓浪屿晃岩路31号，原为著名爱国华侨企业家和社会活动家黄奕住私家住宅群，是全国文物保护单位，被誉为“中国第一别墅”。

人物与历史

黄奕住（1868—1945），南安市金淘人，1885年到印尼三宝垄谋生，以剃头为业，人称“剃头住”。后改行从商，辛苦创业，成为印尼爪哇四大糖商之一。1918年，荷印政府威逼利诱其加入荷兰籍或日本籍，他深以为耻，于1919年4月毅然变卖产业，携2800万美元巨款回国，定居鼓浪屿。归国后，他调整投资领域，在金融与房地产业成绩斐然。1921年，他在厦门创设日兴银号，为当时厦门资金最雄厚的钱庄之一。同年创设中南银行，国内外有12个分行、支行、办事处，是唯一有发钞权的私人银行，也是近代海外华侨回国投资创办的最大的银行之一。20世纪二三十年代，他大力投资厦门市政公用建设，兴办厦门第一家自来水公司、第一家电话公司、第一条马路开元路，以及医院、学校、堤坝、铁路等众多利民设施，促使厦门迈出了现代化城市建设的重要一步。他

（蔡松荣 / 摄）

热心教育文化事业，1927年在鼓浪屿接办厦门女子师范学校，改办慈勤女子中学，并捐助厦门大学、复旦大学、北京大学等一批高校办学，还资助厦门大同中学、英华中学、同文书院、鼓浪屿中山图书馆建设，为推动文化教育事业发展做出重要贡献。

建筑特写

黄家花园坐西朝东，背倚日光岩，前临番仔球场，三幢建筑呈中轴对称分布，主楼向后退20米，南北楼略前伸如护翼，形成“品”字形。中楼高两层，呈现当时新潮的装饰艺术风格和南洋风格结合的特征，造型洗练，富于现代感。南北两楼装饰细部模仿西方古典主义建筑风格，屋顶老虎窗设计为带有巴洛克风格的装饰性山墙面。中心花园设计也模仿巴洛克风格，中间是内圆外方围栏构成的喷水花坛景观，风格统一，协调美观。

主楼的环形回廊是黄家花园的标志性建筑装饰。主楼建筑平面接近方形，一楼四面均有回廊围绕，东面入口由两侧台阶向上进入，西面建有半圆形宽廊，外侧地势较低，自然形成阳台。廊柱仿剁斧凹槽风格，洗石子面饰，整体造型独特，简洁优雅。

主楼考究的建筑材料亦为人所称道。大厅地板、吊顶及通体护墙皆用进口上乘楠木制成。室内楼梯、栏杆、廊面铺装用料为意大利抛光大理石，百年流光中依然典雅精致，光可鉴人，据说仅此一项，所费白银达20万元。

黄奕住没有忘记自己曾经是理发匠的出身。他在这三栋楼房里装饰了许多挂镜，镜端均刻有三件理发工具：剃刀、须刷和掏耳筒，以便家人以镜正衣冠时，联想到他的创业维艰。

（蔡松荣／摄）

活化新生

黄家花园是鼓浪屿最有代表性的建筑之一。中华人民共和国成立后，曾作为国宾馆，接待过多位党和国家领导人以及尼克松、李光耀等外国政要。如今，花园的中楼建成为家族纪念馆，展示黄奕住先生的生平与创业史。这里既是黄家后代缅怀先人的场所，又是承载鼓浪屿文化的重要载体。南楼与北楼开发为富有特色的鼓浪屿家庭旅馆。2017年9月4日，厦门市特地选择这里作为联合国教科文组织为鼓浪屿颁发世界遗产证书的场所。世界遗产委员会专家考察鼓浪屿时，对这处建筑的活化利用给予了高度评价。

（蔡松荣／摄）

02 海天堂构

（蔡松荣 / 摄）

建筑小档案

海天堂构位于鼓浪屿福建路34、36、38、40和42号，由菲律宾华侨黄秀烺和黄念忆合作建造于1920年至1930年间。海天堂构建筑群由五幢建筑构成，其布局采用体现中国传统礼制的空间意象、“主次有别”的中轴线对称格局，是全国重点文物保护单位鼓浪屿近代建筑群的代表性建筑之一。

人物与历史

黄秀烺（1859—1925），生于晋江深沪。自幼父母双亡，随兄黄秉猷学做生意，辗转于闽、粤、浙等地，后转赴菲律宾，先在同乡店中当记账员。一位林姓巨商器重黄秀烺，提供资金助其经商。1899年，黄秀烺定居鼓浪屿，在厦门开设“炳记商行”，业绩颇佳。他发动侨胞集资支持漳厦铁路建设，怜恤孤寡，救济贫困。孙中山先生曾题赠“热心公益”“急公好义”匾额，褒奖他的善举。

黄念忆（1877—1970），晋江永宁人，后旅居菲律宾，负责经营家族企业黄联兴铁业有限公司，到20世纪初成为马尼拉铁业巨子，之后他又创办碾米厂，参与创办中兴银行，在厦门投资电

（蔡松荣 / 摄）

厂、自来水厂，并在鼓浪屿建置房产。后移居香港。

建筑特写

海天堂构建筑群以中楼为中心，以对门黄荣远堂为对景建立轴线。进入门楼，两座洋楼间距较近，穿过狭长的过道，赫然看到宏伟的中楼及宽敞的庭院，豁然开朗，达到中国传统建筑“先抑后扬”的烘托效果。

（蔡松荣 / 摄）

中楼高两层，前、左、右三面外廊环绕，前部为“出龟”门廊。中楼以岭南风格歇山屋顶最具特色。从外部看，屋顶呈“亭子”形状，位于“出龟”门廊上方，为重檐四坡攒尖顶，尖顶为宝葫芦状，四角缠枝高翘。屋脊、飞檐、檐口下均设传统题材的灰塑或木雕装饰构件，做工精美，饰有极具特色的中国元素。门楼造型亦十分精美，楹联为清末民初曾熙、吴昌硕等书法名家作品，堪称门楼建筑精品。

活化新生

海天堂构目前有3幢建筑对游客开放。其中，最富艺术特色的中楼，被打造成建筑艺术馆，成为展示鼓浪屿老别墅及其背后富有传奇色彩的家族故事的一扇窗口。此外，福建路34号楼原为南洋风情咖啡馆，如今改为晓学堂·虫洞书店，福建路42号楼开发成非物质文化遗产南音和掌上木偶的演艺中心。

03 厦门骑楼街

（紫日／摄）

建筑小档案

骑楼街位于思明区，始建于20世纪20年代。民国初期的厦门市政设施陈旧落后，已不能适应厦门商埠日益发展的需要。1920年，“厦门市政会”成立，当年12月便兴筑了厦门第一条马路，即开元路。此路两旁建立南洋骑楼式的人行道，可遮阳避雨，很好地适应了厦门降雨多、日照强的气候特点。1928年至1932年是厦门市政道路全面兴筑时期，这一时期奠定了老市区路网的格局。今天，现存带骑楼风格的老街尚有10多条，归纳起来为“五横二纵”。其中的中山路是厦门最热闹的商业街，也是目前全国唯一一条直通大海的步行街，与“海上花园”鼓浪屿遥遥相望，代表了厦门的繁华时尚与百年风华。

人物与历史

骑楼街的建设体现了闽南华侨和台胞的赤子之心。主持开辟街市马路的“厦门市政会”，就是由不肯入籍荷兰、毅然从南洋归来的印尼糖王黄奕住和不愿当日本顺民而从台湾变卖家产归来的“板桥林家”主人林尔嘉担任主任委员。在他们的号召下，南洋华侨不惜以多年辛劳累积之财富购地建房，在短短数年间建成了富有南洋风情的骑楼商业街。华侨领袖陈嘉庚、客家侨领胡文虎都参与了骑楼街的投资建设。华侨不仅带来投资，引进了南洋风情建筑骑楼，更将闽南风格和中国气派糅进了骑楼，“商住合一、中西合璧”的特色建筑就此应运而生。

建筑特写

骑楼建筑在思明区的中山路、大同路等商业街道较为集中。以中山路为例，其全长1200米、宽18米，楼下人行道的宽度为3米，比一般骑楼下的人行道更宽，高度也更高，人行其间，可以遮阳避雨，舒适安全，堪称“以人为本”建筑的典范，它极大地改变了居民的生活方式，推动了厦门的商业发展。

细看骑楼街的建筑，底层以骑楼为基本形式，上部的立面既用了西式建筑中的窗饰，又用了大量中式的浮雕图案，如花开富贵图、扬帆出海图、百鸟朝凤图、子孝母慈图等，呈现出浓郁的闽南文化和中华文化特色，是中外建筑风格相结合、闽南与南洋建筑风格相结合的典型代表。

活化新生

中山路骑楼街于2006年启动改造工程，思明区政府按照“再

塑厦门老街形象，体现闽台传统文化特色”和“修旧如旧”的原则，尽可能地保留旧有建筑风貌和历史人文信息。在街面上布置闽南特色石刻的休闲桌椅、绿化组合、古迹指示牌、街区图等，辅以LED显示屏，打造步行友好街区。沿街新建闽台文化宣传阵地“讲古角”，每周定期演出歌仔戏、布袋戏、南音、答嘴鼓等闽南民间艺术，传承和弘扬优秀传统文化。

04 群贤楼群

建筑小档案

群贤楼群坐落于思明区厦门大学内，由映雪楼、同安楼、群贤楼、集美楼、囊萤楼组成，建筑面积共计9383平方米，是陈嘉庚在厦门大学建设的首批校舍。

人物与历史

陈嘉庚（1874—1961），著名爱国华侨领袖，实业家、教育家和社会活动家，被誉为“华侨旗帜、民族光辉”。设计群贤楼群时，最初美国建筑师墨菲提出“品”字形布局，但陈嘉庚认为太占空间，遂改为“一”字形。陈嘉庚还以步代尺，实地勘察地形；以拐杖代笔，现场勾画了设计蓝图。1921年5月，群贤楼群正式动工兴建，1922年底落成。校舍落成后，陈嘉庚将1号及5号楼分别命名为“映雪楼”和“囊萤楼”。“映雪”“囊萤”二语，出自孙康、车胤不畏贫困、勤奋好学的典故。2号及4号楼，则以“同安”和“集美”两地名命名，表达了陈嘉庚为振兴家乡、办好国民教育的决心。中间主楼以“群贤”为名，取“群贤毕至，少长咸集”之意。群贤楼、同安楼和集美楼用作教学楼，映雪楼和囊萤楼用作学生宿舍楼。1938年5月至1945年8月厦门沦

陷期间，厦门大学成为日寇军营，校舍遭到极大破坏。1946年厦大复校后，对群贤楼群进行了修缮。20世纪八九十年代再次进行维修。

建筑特写

该楼群坐北朝南，砖石木结构。墙体为花岗岩条石砌筑，楼面为木结构上铺红色斗底砖，屋面铺红色机平瓦，各楼之间以双坡顶木廊相连，山墙及屋檐下有闽南传统的灰雕泥塑及木雕垂花装饰。中央主楼的屋顶采用闽南民居的大屋顶“三川脊”歇山顶建筑形式，高低错落，富有节奏感。集美楼、同安楼以中式风格为主，花格屋脊、石结构墙体，彰显典雅气质。囊萤楼、映雪楼建筑风格则趋于西洋式。群贤楼群以中式为主、西式为辅的建筑风格，体现了陈嘉庚先生对民族精神、民族文化的崇尚。

活化新生

厦门大学群贤楼群与芙蓉、建南楼群共15座建筑于2006年被国务院列为第六批全国重点文物保护单位。目前，囊萤楼、映雪楼及同安楼二楼为教学科研单位用房。群贤楼设有厦门大学校史馆，其中设有1个主展厅和6个专题展厅，展现厦大百年办学历程中的重要节点、事件和成果。囊萤楼是福建省第一个中共支部（中共厦门大学支部）的诞生地，被列为厦门历史文化名楼。集美楼是当年鲁迅先生在厦门大学工作、生活过的住所，现辟为“厦门大学鲁迅纪念馆”。

05 南侨楼群

建筑小档案

南侨楼群位于集美区集美街道嘉庚路8号，由爱国华侨陈嘉庚先生于1953年着手规划与建设，1962 年完工。该建筑群有四排16座，以宽8米的纵向中央石板路为轴线，两侧各两座呈鱼骨状排列，依坡地而筑，逐排增层升高。很多人认为“南侨”二字来源于陈嘉庚曾经主持的“南洋华侨筹赈祖国难民总会”（简称“南侨总会”），其实不然，“南侨”首先与其位置有关——位于集美小半岛集美学村的最南端，与厦门岛高崎隔海相望；其次是和“侨”密切相关——这是作为侨生学校的校舍而建设的。

人物与历史

1953年，在回国求学的侨生日益增多的背景下，陈嘉庚向中央人民政府建议在集美创办归国华侨学生中等补习学校，专收归国侨生，进行补习教育。中央人民政府很快采纳了他的建议，正式成立“福建省集美华侨学生补习学校”，并拨专款委托陈嘉庚负责筹建新校舍。陈嘉庚接受重任后，在师生已并入大连海运学院的福建航海专科学校原有校舍基础上，不顾当时已近八旬的高龄，全身心负责筹划，本着节约原则，继续建置。集美侨校，是全国最早的华侨学生补习学校之一，被人们称为“侨生的摇篮”。

建筑特写

南侨楼群第一排为南侨第一至第四楼，均为一层砖混结构的前廊式建筑。第一、四楼为硬山五段脊大屋顶，燕尾造型，垂脊灰塑卷草，第二、三楼双坡顶马鞍脊，均为绿琉璃筒瓦屋面。墙之四角隅石采用红砖与白石叠砌的“蜈蚣脚”做法，多层次红砖屋檐，大窗户多作红砖拼花框罩装饰。

第二排为南侨第五至第八楼，均为二层砖混结构建筑。第八楼右侧局部三层，采用圆拱券柱外廊，西式机平瓦双坡屋顶。第五和第八楼之两端的两开间前凸为过道和梯位，平顶露台护以绿釉瓶围栏。

第三排为南侨第九至第十二楼，均为三层砖混结构建筑。第十二楼右侧局部四层，建造形式和外部装饰与前排相同，保持基本一致的建筑风格。

第四排为第十三至第十六楼，均为四层建筑。第十三和十六楼局部五层，钢筋混凝土混合结构，外墙用花岗岩条石砌筑，红砖镶嵌装饰，西式机平瓦双坡顶。第十三楼前外廊，两端前凸三开间置梯位。第十四和十五楼平面格局相同，呈H形分布，中部为前后双面外廊。第十六楼体量最大，中部两面圆拱券长廊，两端前后分二进凸出于主体。圆拱券柱红砖白石交错叠砌，转角隅石两面镶嵌红砖装饰。廊道采用绿釉瓶覆以白条石为护栏，山墙

灰塑齿轮、麦穗、五角星等新式图案。第十三和十六楼的窗套以红砖拼砌多样造型，做工精致，在白石墙面的衬托下格外美观。

活化新生

1999年，集美华侨学生补习学校改称为“华侨大学华文学院”。陈嘉庚先生留下的“南侨楼群”泽被一代又一代华侨学子。2006 年，国务院公布南侨第十三、十四、十五、十六楼为第六批全国重点文物保护单位。

06 葆真楼

建筑小档案

葆真楼旧址位于今集美区集美街道集岑路1号，是陈嘉庚兴建的“集美幼稚园”的校舍，于1926年8月落成。葆真楼突显欧式建筑的圆拱顶、细长柱特点，楼宇巍峨。

人物与历史

1919年初，陈嘉庚委托侨居新加坡的胞弟陈敬贤、弟媳王碧莲回家乡开办“集美幼稚园”。集美幼儿园因此成为最早由中国人个人创办的幼儿园之一，也是福建省第一所由华侨开办的幼儿园。

1920年春，幼稚园并入集美学校，称为“集美学校附属幼稚园”。因幼稚园开设于乡间，“狭隘难堪”，陈嘉庚认为不利于幼儿的身心健康，于是“久谋建筑新舍”，遂有此后的葆真楼。

为了让所有穷苦人家的孩子都入得了园，这所新幼稚园不仅免费就学、免费提供校服等用品，入园的幼儿每月还能领取生活补助。陈嘉庚提出“葆真养正”的幼教理念，即在尊重幼儿天性的基础上，让幼儿自主且快乐地成长，又重视幼儿的社会性培养，使其养正品行。

建筑特写

葆真楼为全园舍之统称，共 34 间，面积2.7万方尺（约合2500平方米）。园舍为三排坐北朝南布局：前排单座，后廊式布局，主体两层机平瓦屋面，中间圆拱顶塔楼四层，前设门廊一层为露台，高基座置入门大台阶；两侧隔间前凸平面为梯形，二层，屋面后收呈三角形合于纵脊；前面两端外凸为角楼，平面12角形，一层高基座上置角柱，开设圆顶窗户，后辟门通廊道，机平瓦坡屋顶内收为二层圆拱顶。中排两座，左右对称式分布，二层，向中埕一侧外凸为弧形，前面门厅外侧亦凸出呈半圆形，屋面设计为圆拱顶；中埕筑水池，养鱼栽花，供儿童玩赏。后排单座，二层，前廊式，中部大开间前凸呈圆弧形为门廊，三层，圆拱顶；两翼机平瓦四坡顶。

活化新生

抗战中，葆真楼于1938 年和 1940 年两度遭飞机轰炸、炮弹袭击，几乎全部被炸毁。1946年12月新楼修葺竣工，不仅改变了楼层、屋脊和圆拱顶，也为楼房正式定名，即前排为养正楼，中排为群乐室（左）和煦春室（右），后排为葆真堂。集美幼稚园在20世纪50 年代改称“集美幼儿园”，园舍历年来亦曾做过几次较大的修缮，1989 年集美学校委员会拨款维修养正楼，1998年翻建葆真堂，2002 年对养正楼和群乐室、熙春室进行维修改造。养正楼保存建筑面宽 46米、进深 19.7米、高 18.4 米，建筑面积 450 平方米。2006 年，国务院公布养正楼为第六批全国重点文物保护单位。

07 南薰楼

建筑小档案

南薰楼，始建于1956年，1959 年落成，位于集美区集美街道鳌园路19号。南薰楼由陈嘉庚亲自主导设计和施工，平面布局如飞机造型，依东高西低地势建筑，以大台阶为基座。南薰楼不仅是集美学校最高的建筑，也是20世纪80年代以前福建省最高的大楼。楼名由陈嘉庚命名，取自《南风歌》：“南风之薰兮，可以解吾民之愠兮”，寄托了陈嘉庚一生兴学造福后代的心愿。

人物与历史

1950年，陈嘉庚回国定居集美学村，制定了“重建集美学村计划”。1953年，集美学校董事会成立了建筑部，不仅负责修复战争时期被敌机轰炸破坏的校舍，还进行了大规模建设。南薰楼正是在这个时期修建的。其间，因建设资金短缺，陈嘉庚又患重疴，工程曾中途停建。疾病使陈嘉庚右眼失明，伤口无法愈合，然而他不听医生劝阻，强忍病痛，离开医院，从北京回集美督导巡视学校建设情况。南薰楼也成了陈嘉庚亲自督建落成的最后一座校舍，意义非凡。

从南薰楼的建造过程也能体会到陈嘉庚长于勤俭和勇于创新的精神。20世纪50年代，中国钢铁工业尚不发达，钢筋紧缺。陈

嘉庚为节约钢材，首创了以竹筋代钢筋的工艺，即在确保楼房坚固性的前提下，从原来建造所需的三根钢筋中，抽出一根用竹筋替代。

建造南薰楼之初，困扰陈嘉庚的不仅是钢材短缺，还有地势不平整的问题。集美学村处“七星坠地”的丘陵地带，照惯例，应先将其中一星的小山头平整成平地再开建。可在靠手挖肩挑的年代，削山头为平地，不但浪费土地，还要投入大量的劳力和资金。但种种困难并没有阻挡陈嘉庚建起南薰楼的决心。他因地制宜，采用东翼单独一地平，主楼与西翼同一地平的设计，创造了一楼两地平——东翼四层、西翼五层的建筑格局。在他不畏艰难的毅力下，南薰楼最终如愿建成。

建筑特写

南薰楼主楼高15层，白花岗岩清水墙面，自六层两侧面上逐层缩进为露台，中座高耸，顶层为一座风亭。主楼七层后部辟露台，两翼楼以60° 夹角与主楼相连接。东翼四层，西翼五层，梁

柱式前廊，最上层前后都辟露台，其后露台与主楼的后露台相接，形成自东至西的长廊，似大楼的美丽裙带。两侧端为角楼，上面建八角亭。

令人叹为观止的是柱头的彩绘灰塑装饰，色彩艳丽，图案精美，堪称南薰楼建筑一大特色。凤亭的中式飞檐翘脊屋面与西式铁灰穹顶组合的“混搭”形式，可谓独特而实属少见。这种既固守中国传统又吸纳西洋文化的建筑风格，堪称中西合璧建筑的一个经典范例。

活化新生

南薰楼的修缮，采取的是“修旧如旧”原则。保留原建筑不拆除，保证外观不变，内部的梁也按原结构进行布置，顶板的装饰特性也不变。基本采用的方法是加固地基，内敷承重柱梁、墙面，剔除旧楼板重新配筋浇筑楼板，加固屋顶支撑结构，修整屋面，修缮门窗等。同时，设基础拉梁加固建筑地基。

如今的南薰楼群，依然承载着“忠公、诚毅、勤俭、创新”的嘉庚精神，作为集美中学教学楼之用。许许多多集美学子在这里勤奋学习、茁壮成长。2006年，国务院公布南薰楼为第六批全国重点文物保护单位。

08 文确楼

建筑小档案

文确楼位于集美区集美街道浔江社区浔江路115号，是新加坡华侨陈文确、陈六使兄弟于1937年在故乡所建的华侨居舍。

人物与历史

陈文确（1886—1966）、陈六使（1897—1972）为集美大社人。青年时期，他们皆就读于陈嘉庚创办的集美学校，在那个动乱的年代，陈文确、陈六使和胞弟们为了生计，陆续前往南洋投奔陈嘉庚。他们长期追随陈嘉庚，抗战期间大力支持陈嘉庚筹款救国，同时，参与筹建“集友银行”，支持家乡的社会经济发展，还长期资助陈嘉庚在家乡创办的文教事业，包括支持集美学校的建设与发展。他们的后裔同样是“嘉庚精神”的弘扬者，为家乡的社会发展做出了积极的贡献。20世纪90年代以来，陈文确、陈六使家族先后在厦门集美区设立各类公益基金，致力于奖学、助教、济困等社会公益慈善事业。为了表达对家乡的思念，陈文确、陈六使于20世纪30年代斥资在故乡集美建立华侨居舍，起名为“吃风楼”，如今当地人亲切地称之为“文确楼”。

建筑特写

该建筑坐北朝南，为2—3层的西式砖混结构建筑，洋灰面外墙。建筑前部为二层半主楼，后部为三层长条形附楼，主楼与附楼之间为天井，中有方亭连接，建筑总面阔13米，通进深21米，文确楼前后均有宽敞的花园，主入口设于东南侧。主楼一层面阔3间，进深2间，一层中为厅，两侧房间，前部有凹形门厅，二层

布局同一层，前部为横向宽廊，三层楼顶为四坡形屋面，四周环阳台栏杆；后部的附楼面阔3间，进深1间。

文确楼是典型的低层庭院式建筑。屋顶采用闽南式红瓦，大门是闽南风格实木结构，门前设欧式柱体回廊。外墙用水泥加上本地海蛎壳筑造，非常坚固，墙面采用传统建筑工艺灰塑的手法，装饰中式人物及花鸟、山水、瑞兽等图案，同时也装饰有欧式代表性图案。中西结合的风格，使文确楼在外观上呈现出高雅庄严的气度，同时又具有独特的韵味，极具艺术欣赏价值。

活化新生

2013年，陈文确、陈六使后裔将文确楼捐献给家乡集美，重修后的文确楼设立“陈文确、陈六使陈列馆”，于2013年10月集美学村百年校庆时重新开放，向人们展示了陈氏兄弟热爱家乡、奉献社会的一生。2017年10月，这栋老侨房设立了国内首个以华侨文化为主题的邮局——嘉庚邮局，可邮寄信件，常年开展常规邮政业务。修缮一新的文确楼和设在楼内的陈文确、陈六使陈列馆及嘉庚邮局，不仅成为人文集美的新景点、南洋大学校友会中国联络处，更成为连接海内外侨胞、南洋大学校友、集美乡亲的桥梁。

09 莲塘别墅

建筑小档案

莲塘别墅位于海沧区海沧街道海沧社区新大街48号，是华侨陈炳猷、陈炳煌兄弟于1904年至1906年间修建的建筑群，是厦门规模最大、保存最完整的古建筑群落之一。

人物与历史

陈炳猷（1855—1917），海沧莲花洲人，自小聪颖好学，青年时代远涉重洋到越南西贡（今胡志明市）继承父业经营大米生意。他精明能干，获利颇丰，将父辈经营的米业发展成为集生产、加工销售、出口、运输于一体的大米产业经营模式，据说高峰时拥有万顷稻田及“万顺安”“万德源”“万裕源”等10家大型碾米厂，还拥有米店一条街、13艘大轮船，成为当地的商业翘楚。光绪年间，陈炳猷命其长子陈其德携资回乡，在莲花洲建造大厝，聘请能工巧匠精心设计，建有学堂、住宅、家庙各一座。

陈炳猷一生热心教育，在莲塘别墅创办了莲塘学堂。本地乡里优秀子弟都享有陈家子弟同等待遇免费上学。归侨和地方人士曾在莲塘别墅创办三都中学。1950年至1956年，曾作为海澄中学分校使用。

蓮塘別墅
一帆風順
平安如意步步高
人和家順年年好
蓮不染塵君子比德

建筑特写

莲塘别墅建筑群中的砖雕、木雕、瓷雕、石雕、泥雕和彩绘艺术品异彩纷呈，件件美不胜收，其中砖雕可称冠绝八闽，具有极高的欣赏价值和保护价值。别墅中的砖雕分布在天井四周以及厅堂的墙裙。天井墙裙的砖雕，内容大多为松竹蕉梅、兰菊芍药，而厅堂的砖雕则以百花或百兽为题材。其中，百花图、百兽图、泼墨山水的雕刻拼接，画技高超、刻工刀法流畅。而别墅的墙上，几乎汇集了闽南民居墙面空斗组砌的全部纹样图案，至今风采依旧。

漳州篇

01 漳州华侨新村

建筑小档案

华侨新村位于芗城区，原本只是古环城河与县后街之间的一块74亩荒地。中华人民共和国成立以后，党和政府为了能够给归侨、侨眷一个安居乐业的环境，于1956 年成立“漳州市华侨新村委员会”，规划市区西姑池的一片土地作为华侨新村，简称“侨村”。它围绕西姑池而建，规划设计72幢形态各异的别墅式楼房（目前保留50余幢南洋风格的别墅）。

人物与历史

林开德（1915—1998），祖籍龙溪玉江岗洲社（今龙海区角美镇玉江村洲头自然村）。1927年，年仅12 岁的他跟随村中亲人“过番”到南洋，先后到菲律宾、印度尼西亚、新加坡等地打工谋生。1938年，林开德在巨港与友人合作创办建丰公司，经营橡胶、大米、布匹等生意，赚到了经商创业的第一桶金。1937年抗战爆发后，他参与创立抗日社团，通过义演筹集资金汇给“南侨筹赈总会”，以支持祖国抗日。1952年林开德放弃优裕的生活条件，回到福建漳州定居，从事侨务工作，为祖地的经济、文化、教育等事业做出重要贡献。

1956 年，为了满足广大侨胞“叶落归根”的夙愿，在当地政

府的支持下，林开德勇挑“漳州市华侨新村筹建委员会”主任一职，从征地到图纸设计，从基建到分批施工，事必躬亲。经过十几年的努力，终于在芗城区西姑池的荒地上建起幢幢新居，并和侨友捐建了侨联大厦。漳州侨村为归侨、侨眷提供了安居乐业的寓所，博得了侨友的称赞，也获得了社会各方面的赞誉。

1979年，林开德移居香港，但仍然心系侨联工作，团结联系广大海内外侨胞、香港同胞，与旅港乡贤康良材、林广兆等筹备成立“香港漳属同乡会”并当选为第一副会长，为漳州与香港之间的文化经贸交流做出重要贡献。

建筑特写

整个华侨新村围绕西姑池建成。侨村内的道路也是以西姑池边的小道为基础，再延向四周。半个多世纪过去了，西姑池旁的小树苗早已长成参天大树，见证了华侨新村60多年发展变迁。而华侨新村作为漳州古城的重要组成部分之一，也成为中华人民共和国成立后华侨事业发展的实物标本。

活化新生

历经了半个多世纪的历史变迁，在漳州日新月异的城市变化更新中，华侨新村已然显得沧桑。为此，芗城区委、区政府响应市委、市政府号召，规划把侨村作为漳州的特色历史区域保留下来，融入古城开发保护范围，并于2018年4月，正式启动侨村改造提升工程，投资4500多万元开展路面整治、绿化美化和水体修复等工程，以旅游景点标准打造“侨村会客厅”。通过“四步走”——撤茶摊现环池步道、拆搭盖拓配套空间、改围墙显别墅全貌、建设施提生活品质，力求透绿见景、还原风貌。同时，配套建设公厕、小广场、绿化带、花圃；合理规划交通标线，对环西姑池道路进行交通管制，进一步优化侨村交通秩序；依托水、树、路等，因地制宜打造美丽夜景，侨村面貌由此焕然一新。

02 曾氏番仔楼

（张志坚 / 摄）

建筑小档案

曾氏番仔楼又称“东美番仔楼”，位于龙海区角美镇东美村墩上社，当地叫“九十九间”，但实际建了“九十九间半”，蕴含“有盈余”之意。它是东美村旅居新加坡侨商曾振源、曾福全父子两代人接力，于1897年至1911年建造而成。

人物与历史

曾振源（1840—1905）自幼家境贫寒，在家乡东美村墩上社度过艰辛的青少年时代。为了改变命运，他只身前往南洋谋生，经过摸爬滚打、不懈努力，在异国他乡立稳脚跟，后与其舅组建星洲海港船务局、丰源航务局。在新加坡发家致富后，曾振源又继续打拼，到印尼三宝垅开创实业，终成巨富。曾氏番仔楼历时14年建成，仅修造工钱就耗费白银26万两。落成后的番仔楼，楼房设计科学、布局严谨、气势恢宏、工艺精湛。20世纪50年代，曾氏番仔楼一度成为东美小学校舍，1984年归还给曾氏族人，如今该楼基本完好。

建筑特写

曾氏番仔楼坐南朝北，采用石砖木混合结构，平面呈“凹”字形。全楼以曾氏家庙为中心，对称排列，有序布局，形成五列三排的建筑格局。每排之前有宽阔的石埕连接，分别称为前埕、中埕、后埕。前排为闽南风格的古厝，中楼是南洋风格的哥特式楼房，后排为红砖骑楼。占地面积5300多平方米，建筑面积2627平方米，共计13栋建筑物。其外装饰为西式风格，内部配置趋向闽南传统结构，既美观又实用。外装饰彩瓷砖等材料由南洋进口，经百年沧桑，仍色彩鲜艳。通气窗采用生铁铸造。中楼和东西宾楼主厅设有取暖壁炉。后花园东侧置有风力抽水机房，木风轮带动机器把水提上楼顶水塔，再通过管道，通向各座建筑。

曾氏番仔楼每进大楼都有回廊和天桥相连接，下雨天时，无论走到哪一个房间，都不会淋雨。楼房外面的方形廊柱、柱与柱之间的半圆拱门、欧式彩色瓷砖、花瓶状的瓷制栏杆，都呈现出鲜明的南洋风格。整个建筑群的布局又融入中国传统四合院的特色，楼房内部通风、采光参照了中国传统习惯。总体风格中西合璧，把中国传统的建筑元素与海外舶来的南洋风情融为一体。

活化新生

2019年，曾氏番仔楼被列为第八批全国重点文物保护单位。当地政府为突出“文物旅游+”特色，成立“传承守护”文物保护、文旅讲解志愿服务队，讲好文物故事；借助VR技术，让游客随时随地了解古迹内涵，进一步提升该区文旅品牌影响力。还启动首届文旅伴手礼设计大赛，全国各地的文创设计者集思广益，思考如何让文物“活”起来。近年来，漳州台商投资区还开展“我为文物发声·让文物活起来”金牌讲解员大赛、“跟随文物去旅行”和“我为角美代言”小小讲解员招募等活动，广泛传播“传承记忆·守护文物”理念，让文物真正“活”起来，也加强了群众的文保意识。

03 天一信局总局旧址

（林宝枝 / 摄）

建筑小档案

天一信局总局旧址位于龙海区角美镇流传村观音亭附近。它是旅菲侨胞郭有品先生于1880年在家乡创办的民间邮局，全称为“郭有品天一汇兑银信局”，为南洋华侨办理邮寄信件、物资等业务。总部占地总面积1.13万平方米，总建筑面积近5000平方米。

人物与历史

郭有品（1853—1901），幼年丧父，17岁时得兄长资助，抵菲律宾谋生。起初充当“水客”赚取佣金，深得侨胞和乡亲们的信赖。天一信局的“天一”取自汉儒董仲舒的《春秋繁露·深察名号》中的“天人之际，合而为一”，用“天”作为徽志，寓意天下一家，彰显了郭有品创办侨批局的仁爱之心。天一信局的创办至少比我国正式设立的邮政机构早了16年，被誉为“中国第一邮局”。1911年，天一信局分局达28家，在国外拥有遍布马来西亚、印度尼西亚、暹罗（泰国）、安南（越南）及缅甸等7个国家的21个分局，在国内拥有漳州、泉州、同安、香港等7个分局。1911年至1921年间，又增设马来西亚的吉隆坡、柬埔寨的金塔以及上海、港尾等4个分局。鼎盛时期的天一信局年侨汇额达千万元大银，1920年达到最高峰4400万元大银，占当时闽南一带

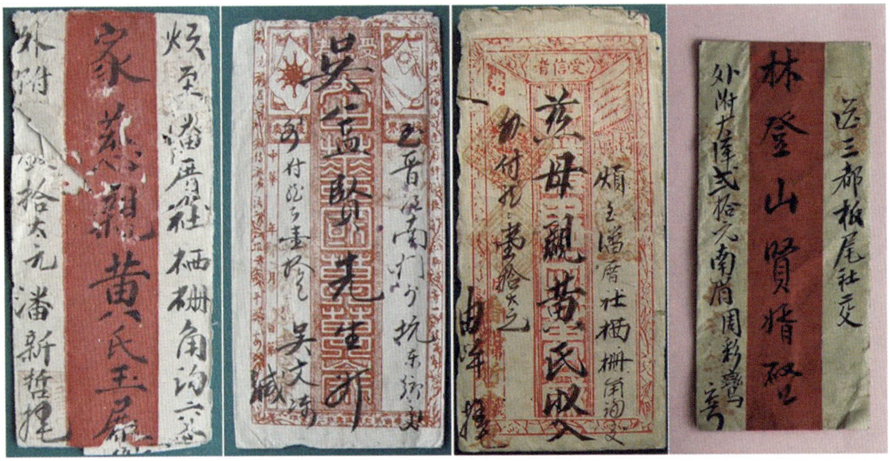

侨批 （林南中 / 供图）

侨汇总额的三分之二，是中国历史上规模最大、分布最广、历时最长的早期民间私营侨批信局。截至1928年1月宣布停业，天一信局共经营48年，在国家邮政史、金融史上均占有重要地位。

建筑特写

天一信局总局主要由宛南楼、北楼、陶园等组成，集办公、民居、祖厅、休闲于一体。

总局最早的建筑物是宛南楼。这座楼建于1911年，坐南向北，为前厝后楼，三进五开间抱二护（左5右9共14间），配前庭后院的建筑。前二进为闽南传统大厝，第二进中为祖厅。大厝内部装饰“洋味”浓重，最为明显的是贴在墙面上的进口瓷砖，图案精美，色泽艳丽。第三进为二层洋楼，楼上门顶嵌“宛南”门匾。大厝与洋楼之间的天井和厢房，将厝楼连为一体。宛南楼内柱、梁、枋、门、窗、屏等构件雕刻十分精致，不论是人物还是动植物，都栩栩如生，十分有趣，被誉为“雕刻艺术博物馆”；楼外天使、和平鸽、罗马柱等欧式外墙装饰风格，彰显了清末民初漳州传统建筑艺术和西洋建筑技术结合的特点。在南楼后院门口有副石刻对联，也许就是该楼的写照：“宛中坻宛中央伊人栖夫秋水；南歌周南歌召齐家本乎风诗。”原来的陶园占地3000多平方米，建有亭台、楼榭、假山、猴洞、鱼池、花圃，石砌小道曲径通幽、群花争艳、草木显秀，在当时可谓鹤立鸡群、一花独秀。

（易欣／摄）

建筑保护

100多年过去了，信局、侨批已成为历史，但天一总局的建筑保留了下来，诉说着当年的辉煌。北楼一层大厅正中央悬挂着郭有品及后代“掌门人”的肖像画。半墙位置多贴着精美的玻璃砖，据说这些砖是郭家人在南洋挑选并带回来的，今天看来依旧颜色鲜艳，样式精巧。北楼前还有一幅石刻照壁，为了保护它，现覆上了玻璃。2006年，天一总局被列为全国重点文物保护单位，后被中国国家邮政博物馆认定为“有记载的中国最早的民间国际邮政”。2013年6月，福建侨批入选世界记忆名录，作为福建第一个入选世界文献遗产的项目，天一总局成了研究福建侨批最为重要的实物文物之一，也成为研究华侨史、侨乡社会史乃至中国近现代社会经济史的珍贵“民间档案”。

04 王加禄故居

建筑小档案

王加禄故居位于漳浦县前亭镇过港村228号，由印尼华侨王加禄兴建于1897年，是明清时期典型的闽南“皇宫起”汉式四合院大厝，俗称“四点金”。

人物与历史

王加禄（1860—1950），年少时远赴海外闯荡谋生，凭着福建人爱拼才会赢的奋斗精神和诚信经营之道，成为南洋知名爱国华侨。王加禄热心公益事业，加上通晓当地语言，先后被委任为雷珍兰、甲必丹等职。在任期间，他体察侨胞疾苦，曾多次向荷印政府反映华侨的正当要求，如取消歧视性法令，减少各种税费等。他常替贫困华侨缴纳人头税，尽力调解侨胞纠纷，维护华社团结稳定，深受侨胞拥护。

1908年，王加禄发动华商捐资创办龙目岛第一所中华学校——澜华小学。学校经费全靠华商捐助支持，学校创办后，每年均有学生回中国求学。之后，王加禄又联合多位热心教育的人士创办了龙目岛中华中学。

他还在当地大力推广中文，并出资编印了《印汉字典》。1910年，王加禄与会董们集资购置会所及兴建校舍。因有团结进

取的社会贤达和良好的师资人才促进华教事业，该地中文教育水平在奴沙登加拉区域首屈一指。同时，他还加强与各岛屿华商的联系，在维护华商权益、联合捐资助力中国抗战事业等方面均不遗余力。

20 世纪 20 年代末，济南惨案发生，消息传到安班澜。在王加禄的支持下，当地华侨成立安班澜华侨救国会，发起募捐。10 天内就募捐6500大洋汇回中国，以救济家乡难民。在王加禄奉献精神的感染和以身为范的带动下，其家族后辈们为造福家乡和支持祖国的革命、建设、发展事业，以及促进中国与印尼的友好交流做出了许多贡献。

建筑特写

王加禄故居建造格局为前、后二进，面阔三开间，二侧护架院；前有大埕围墙，后置花园；内布五方天井，整座大宅相互连贯，厅堂开阔，器宇轩昂，采光良好，空气流通。整体以石砖木构造。主体屋顶为人字形硬山式，屋脊线两端上翘如船形，曲线优美，端头采用燕尾形技艺，高翘欲腾；护厝屋顶为人字形卷棚式，翼之主厝左右。故居整体格局完整，沿中轴线左右对称，古雅又落落大方，充分体现闽南古建筑巧、美、秀、雅之风格。

这座侨厝在建筑技艺方面有其特殊之处。由于该厝选址位于闽南海边湿地，土质松软，为了解决地基下沉问题，在建造过程中将松桐木密排竖立撞击打入地下为桩，上半部再用松桐木横铺分层交错连接于竖桩上而成为一体，中间空隙用细砂土填补充实，从而形成一片稳固坚实的地基平台。该建筑群体至今已有将近130年历史，地基墙体坚固如初，充分体现了我国建筑技艺的智慧。

建筑保护

王加禄故居于2011年3月被列入漳浦县第十批县级文物保护单位；于2018年9月被列入福建省第九批省级文物保护单位。

05 将军第

建筑小档案

将军第位于长泰区坂里乡新春村，是侨领汤河清的故居，始建于1880年。

人物与历史

汤河清（1845—1910），青少年时迫于生计，到印尼望加锡谋生，创办“顺源公司”，被推为望加锡行政长官甲必丹。汤河清始终心系故里，置“顺风号”轮船往返于厦门至望加锡之间，贫困者可免费搭乘。他还捐资铺桥造路，在印尼修建一座“崇本堂”祖祠，凡到望加锡谋生的族亲或同乡，皆可在此免费食宿。清光绪年间，山西遇特大灾荒，汤河清慷慨捐资赈济灾民，受到清廷御赐花翎副将，并敕建“将军第”。1910年汤河清病逝，其子汤龙飞承袭甲必丹。民国时期，汤龙飞从海外汇寄善款回国救助难民，国民政府赈务委员会特赠予“仁德可风”的木匾以示表彰。1941年12月，日本突袭珍珠港后，迅速入侵包括望加锡在内的所有荷兰殖民地，荷军溃逃。汤龙飞坚守阵地，率领侨胞奋起反抗，终因孤岛无援，寡不敌众，一家6人宁死不降，同时遇难。汤河清和汤龙飞的英勇事迹广为流传。如今，将军第既是华侨奋斗历史的见证，也是汤氏族人引以为荣的象征，更是海内外乡亲寻根谒祖、缅怀先人的宝地。

建筑特写

将军第占地面积6300平方米，建筑面积1700平方米，由主屋5间居中，两侧带南北护厝，共有32个房间、9个厅、10个天井。中厅屋脊属宫殿式飞檐造型。大门前分内外砖埕两个，内埕有一口水井，埕前建有2米高的围墙，外埕凿有一个半圆形的池塘。府宅左侧设有花圃，一年四季花香扑鼻。右侧有一天然涌泉池，池内泉水清澈，久年不涸。外墙由红砖垒砌，装饰精致，具有闽南红砖大厝的特点。

活化新生

2013年，将军第被列为第七批县级文物保护单位。当地政府先后投入50万元实施修缮工程。2015年被列为长泰首批华侨爱国主义教育基地。2023年改造提升为长泰侨史馆。十多年来，回乡寻根谒祖省亲的长泰籍海外侨胞都会来到将军第缅怀先人，在爱国爱乡的故事里感受血脉情深。

06 怀远楼

建筑小档案

怀远楼位于南靖县梅林镇坎下村，建于1905年至1909年，是旅居缅甸的简氏16世孙简新喜兄弟捐资所建，整座楼直径38米，由外环楼和中心祖堂组成，占地面积1384.7平方米。

怀远楼名称有三重含义：一是怀念远方的亲人，二是表明楼的主人来自河南“怀”地的远方，三是训示简氏子弟要胸怀远大志向。这座楼的每一块砖、每一片瓦，都凝聚着简氏兄弟的思乡之情和对家族的深深眷恋。

建筑特写

怀远楼是目前工艺最精美、保护最好的双圆形土楼，圆中有圆，风格别致。楼高4层，每层34间，共136间；外墙高12.28米，干砌鹅卵石墙高2.5米，厚1.3米；下两层墙不开窗，上两层只开小窗，全楼只开1个大门，朝南偏东，设有硬硕木门闩，横梁上凿洞接竹筒3孔，可灌水以防火攻；第四层楼角悬空挑出4个瞭望台，与楼内小门相通，外侧3面砌砖，暗藏枪眼，楼台之间，互为犄角。楼门上有楹联“怀以德敦以上藉此修齐遵祖训，远而山近而水凭兹灵秀育人文”。

怀远楼内院中心位置的祖堂，也就是家族子弟读书的地方“斯是室”，是怀远楼最引人注目之处，典出刘禹锡《陋室铭》

的“斯是陋室，惟吾德馨”。它是精巧秀气“四架三间”上下堂建筑，占地190平方米。室内雕梁画栋，古朴天然，对联横匾，书卷气浓。堂上悬挂的横匾刻着苍劲有力的行楷堂名，两边柱子上有副对联，上联是“斯堂讵为游观计敦书开耳目”，下联是“是室何嫌隘惟思尚德课儿孙”，足见耕读世家的门风。

活化新生

2006年5月，怀远楼作为福建土楼群的重要组成部分被列入全国重点文物保护单位。近年来，南靖县加大了对怀远楼的维护和宣传力度，使得这座历史悠久的古建筑得以焕发新生。当地通过各种形式的保护传承，让怀远楼所代表的华侨精神也得到了更广泛的传播和弘扬。

07 成德楼

建筑小档案

成德楼位于华安县仙都镇招山村，由印尼华侨林文图于1941年所建，总占地面积达1842平方米，建筑面积1624平方米。该楼规模宏大，是招山村著名的华侨建筑之一。

建筑特写

成德楼坐西北朝东南，悬山顶马鞍脊板瓦屋面，主体建筑面阔五开间，前楼进深三间，后楼进深二间，总面阔20.52米，总进深23.45米，沿中轴线由前埕、前楼、天井、东西边楼、后楼和东西两侧翼楼组成。前楼高

二层，主楼和东西边楼高均为三层，边楼三层为轩亭形制。

成德楼不仅保留闽南传统文化特色，还融入了南洋建筑风格。建筑内部设有完备的防御措施，楼内不仅有6处防御枪眼，边楼二层楼地面还设有高67厘米的隔层藏身仓。

活化新生

成德楼被列入漳州市第四批市级文物保护单位。2020年，当地争取到100多万元资金对古厝进行全面修缮，最大限度保护古建筑原有的特色风貌。重新修缮后的华侨古建筑重新焕发了生机和魅力。

泉州篇

01 中山路建筑群

建筑小档案

“东西两座塔，南北一条街”，这是泉州人都耳熟能详的一句话。其中，“南北一条街”说的便是中山路。泉州中山路位于鲤城区，北起爱国路、模范巷口，南抵顺济桥头，南北贯穿整个古城区，横向宽度为10—12米，全长2495米，是我国保存最完整的联排式骑楼商业街之一，也是闻名遐迩的泉州名片，获联合国教科文组织“亚太地区遗产保护优秀奖”，并入选“中国十大历史文化名街”，还曾获首批中国历史文化街区、省级旅游休闲街区等称号。

人物与历史

在泉州这座千年古城，百年中山路或许还很年轻，但这条贯穿整座泉州古城的道路，是泉州古城的核心区域。20世纪20年代初，为改善泉州古城交通落后的局面，泉州拆城辟路，由华侨投资改造，建成独具南洋风格的南北大街，后为了纪念孙中山先生改名为“中山路”。中山路街区内还分布着许多华侨建筑，如侨光电影院、陈光纯故居、叶氏洋楼和听桐别墅等。作为泉州老城区第一条拓宽的马路，中山路这一历史文化街区的完整保护，让老城区的“十字形城市框架”得以完好保存。

中山路沿路两侧廊柱式骑楼在拓城修路时同时规划，分期建设，整个建设工期延续十多年。1935年中山路与东西街十字路口的钟楼建成，从威远楼到中山公园的北大街拓宽改造完成并纳入中山北路。至此，中山路及两旁建筑方才全线竣工。

建筑特写

“南国多雨天，骑楼可避风”，中山路沿街廊柱式骑楼既有泉州民居的传统特色，又融入了南洋式的建筑风格，既是中西合璧的成功范例，又是泉州从古代向现代转折过渡的历史见证。

中山路两侧保留着大量具有历史原貌的建筑，从北向南有泉山门、威远楼、钟楼、基督教泉南堂、府文庙、花桥慈济宫、天后宫等，还有十几处保护较好的古建筑、古民居。

活化新生

20世纪90年代，历经风雨的中山路以“保护为主、修旧如旧、继承特色、保持完整风貌、沿袭历史文脉”为原则，首次进行“洗脸式”整治。2018年中山路保护提升工程启动，同年11月，《泉州市中山路骑楼建筑保护条例》获批准，2019年1月1日起正式施行，历经近百年沧桑的骑楼建筑的保护工作从此有法可依、有章可循。

与历史文化街区保护并行，泉州同步启动中山路及周边商圈业态提升工作，吸引优质业态入驻，打造富有“人间烟火气”的商业旺区，既提升了文化味，也实现了在地共生。具有独特历史风貌的中山路，正散发着传统与现代有机结合的文化魅力，成为“城市漫游”的热门目的地。

02 振成楼

建筑小档案

振成楼位于石狮市凤里街道大仑社区育贤路122号，由旅菲爱国华侨、抗日英雄蔡由成建造。该楼占地1.4亩，高两层，单层宽18米，进深22米，两层面积共776平方米，是融合菲律宾外廊式建筑与闽南传统建筑风格的综合体，也是泉州华侨建筑的代表作之一。

人物与历史

蔡由成（1893—1978），15岁时便只身远渡菲律宾谋生。他一开始从小生意做起，秉承着石狮人爱拼、敢赢、吃苦耐劳的精神，经过数十年的商海驰骋，闯出了自己的一片天地，并逐渐成为闽南的巨商望族。抗日战争爆发后，他爱国情怀高涨，是当时菲律宾华侨抗敌协会的领头人之一。同时，他也一直用实际行动关注祖国和家乡发展，为家乡建设出资出力。1948年，振成楼奠基动工，楼名源自他在菲律宾的振成百货公司商号。

建筑特写

楼体正立面是三段出龟，中央凸出半圆形，两翼凸出半八边

振成樓

形，前面两层外廊共由16根白石圆柱擎起“借柱造廊”。楼顶以巴洛克风格的三段式山花压檐，中段最上端装饰“雄鹰振翅”拱卫“双狮环球”彩瓷雕塑，正中横匾的楼号“振成楼”用白瓷堆剪而成。“百鸟之王”（鹰）与“百兽之王”（狮）美美与共的中央山花，既突出大楼的制高点和中轴线，也构成天际线傲视群雄的视觉焦点。两翼的八角楼山花装饰“和平飞鸽”“齿穗徽章”雕塑，横匾分别剪贴“紫气”“祥光”四个红色彩瓷大字，意指和平在握、紫气东来、祥光四射。一层大门主入口是4根圆柱围成“外圆凸、内方凹”门廊，因两翼对称凸出“八角楼”，夹筑中间半凸半凹敞开式外廊，类似于闽南古大厝正面正中凹入的“塌岫”。二层正面是由12根圆柱支撑起敞开式长条外廊，横梁弯拱皆用彩瓷剪贴珍禽瑞兽，廊内遍种奇花异草，生机盎然。二层四周外立面均由红砖砌成，与一层白石墙面形成色彩与质感上的强烈对比，整幢楼宛如一幅阴阳相契、刚柔并济、色彩斑斓的立体画卷。

03 梧林传统村落

（姚辉　张鸣 / 摄）

建筑小档案

梧林传统村落位于晋江市新塘街道西南部，是典型的“聚族而居，聚姓而居”的村落，形成于明洪武年间，发展于清代，兴盛于清末民初，至今已有600多年历史。梧林传统村落占地面积约1000亩，建筑面积6万平方米，保留着明朝百福墙、清朝官式红砖大厝（42处）、近现代哥特式和罗马式洋楼（6处）、番仔楼（22处）等130余幢各式古建筑，是典型而完备的闽南传统村落，是闽南侨乡文化的突出代表、海外华侨家国情怀的例证，有“华侨建筑博物馆”的雅称。

人物与历史

早在清康熙年间，菲律宾已出现梧林人奋斗的身影。辛亥革命之时，梧林侨胞蔡咸项就捐资支持孙中山的革命事业。侨胞蔡德燥被推举为马尼拉市华侨商会会长、济阳堂第三届总理，是菲律宾“中国国货总代理商”。还有朝东楼的主人蔡咸斜、五层厝的主人蔡德钂、侨批馆的主人蔡顺意等，都在菲律宾商业社会中创下傲人的业绩，在国难当头的时刻，他们深明大义，置苦心营建的楼宇于不顾，将准备用于装修的款项贡献给祖国的抗战事业。令人感动的还有许多梧林旅菲华侨，在日寇占领菲律宾时，义无反顾地加入当地的抗战组织，与日寇进行殊死斗争。抗日志士蔡怀祖遗嘱中“一支刀斩五人，仇恨！生在梧林乡，死在祠堂内……”的语句多么简朴，又是多么震撼人心！一直以来，旅菲侨胞义无反顾地回馈家乡，从梧林小学校舍到梧林村道，从电厂照明到水利建设，从社办工厂到美丽乡村建设，每一样都有侨胞的慷慨解囊、出手相助。梧林社区今日的辉煌，离不开一个“侨”字。

建筑特写

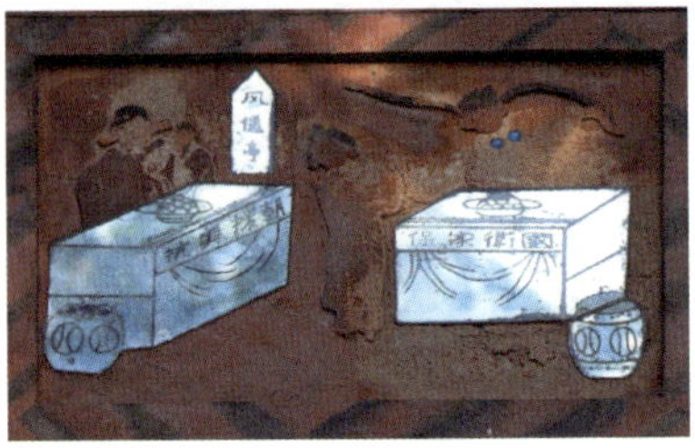

梧林诸多华侨建筑中，“胸怀祖国楼”可以称得上是建筑最为精湛、保护最为完好的一座。楼房如同一般闽南古大厝，砖石面墙，条石山墙、后墙。面墙墙裙用整块白石细琢，砌在浮雕连枝牡丹花纹的螭虎脚上，腰堵雕刻梅花、菊花、牡丹、山茶等图案。墙面贴红色印花砖，各堵印花砖刻有飞凤、花篮、盘肠等不同花纹。间隔的砖柱上则装饰着用錾砖工艺制作的骑着异兽的八仙和骑马扬旗、击鼓歌舞的戏曲人物。靠近门路的一对砖柱上嵌着砖刻楹联：“桥碑昭惠政，石鼓耸奇峰。”

更有意思的是，在刻有古典戏曲故事的砖柱图案上，出现了“抗美援朝”“保家卫国”等句，充分表现出建筑的时代特征。墙顶的水车堵，用水磨石打底，上面用剪瓷工艺装饰着色泽鲜艳的花鸟鱼虫。一整片红砖面墙，让匠人装点得五彩缤纷、生机盎然。

活化新生

梧林传统村落紧紧围绕“三态（固态、活态、业态）协同、三区（园区、社区、景区）联动、三生（生产、生活、生态）共融”的发展思路，坚持“留白、留绿、留旧、留文、留魂”理念，采用传统工艺，确保原汁原味、原貌重现梧林古建筑群。同时大力开展村落基础设施建设和人居环境整治，成立运营公司和业态投资公司，重点引入文创、非遗、文化行馆等高端文旅业态，在传统建筑中注入全新的生活方式，致力打造华侨博物馆和闽南文化后花园。村落先后获评第四批中国传统村落、福建省金牌旅游村、国家4A级景区、全国乡村旅游重点村等称号，是中国华侨国际文化交流基地、福建省重点影视基地、福建省研学旅行示范基地。同时，梧林侨批馆被定为“世界记忆项目福建学术中心实践基地”，作为福建省侨批文化宣传推广示范点。

04 晋江县成美小学校舍

建筑小档案

晋江县成美小学校舍位于晋江市金井镇石圳华侨小学校内，是1924年由旅菲华侨李清泉以其父亲李昭以和叔父李昭北的名义捐建。建筑为砖石木结构，单层平屋瓦顶，砖石门墙，条石边墙，正面开五拱门，上筑晒台，嵌剪瓷“晋江县成美小学”。门柱镌冠头联：“成事从来艰苦味，美材还赖苦精求。”

人物与历史

李清泉（1888—1940），晋江市金井镇石圳村人，13岁远渡菲律宾，他秉承祖业，历经数十年的努力，成为菲律宾最大的木材出口商，被誉为“木材大王”，是20世纪20年代至30年代中国

著名的华侨领袖之一。抗战期间，他领导侨胞支援祖国抗日战争，并同陈嘉庚先生共同发起、成立“南洋华侨筹赈祖国难民总会”，成为侨胞典范。

1924年，李清泉回国时目睹梓里乡族闭塞的情况，感到发展文化教育之重要，毅然决定创办“成美学校”，择址于村北吉龙山麓。1925年，新校舍落成后，将此前捐资兴办的龙门学校并入。1935年2月，另一所由他兴办的育德女校也并入成美学校，实现了他“男女同校”的夙愿。学校以“精诚　毅勇”为校训。中华人民共和国成立以来，在当地党委政府和海内外乡亲的大力支持下，成美小学稳步发展，1992年，旅菲爱国侨胞李昭进独资捐建新校舍及相关设备，学校更名为“石圳华侨中学”。

建筑特写

晋江县成美小学校舍被保留在石圳华侨中学的校园内，为晋江市第五批市级文物保护单位。

05 光前学村

建筑小档案

光前学村是南安籍新加坡爱国侨领李光前在1938年创办的。学村位于南安市芙蓉乡（现梅山镇），占地750亩，梅山拱峙，芦水环绕，风景秀丽。

人物与历史

李光前（1893—1967），著名的华人实业家、教育家和慈善家。10岁随父亲赴新加坡，曾先后在南京暨南学堂、北京清华学堂、唐山路矿专门学堂等校就读。1912年重返新加坡，后得庄希泉、陈嘉庚提携进入商界，1920年成为陈嘉庚的女婿。1927年，他涉足橡胶业、银行业。事业有成后，他以兴学报国之志，在家

乡创办了国专小学，偏僻山村从此亮起现代教育的明灯。1943年是抗战的艰苦岁月，怀着“战时更需要教育”的信念，他又创办了国光中学，拉开了学村发展的序幕。中华人民共和国成立不久，他汇出巨款，请陈嘉庚先生主持扩建国光中学、国专小学，新建国专医院和国专幼儿园，形成颇具规模、名闻遐迩的学村。1965年，周恩来总理在北京亲切接见李光前，对其爱国爱乡、热爱教育的精神给予高度评价。1993年10月，在纪念爱国侨领李光前先生诞辰100周年时，“光前学村”被南安市政府正式命名。

活化新生

进入改革开放的新时期，李光前之子、新加坡著名实业家、慈善家李成义、李成智、李成伟兄弟三人继承弘扬父亲兴学报国、造福桑梓的遗志，1991年在家乡建立芙蓉基金会，开启了光

前学村建设和发展的新纪元。在芙蓉基金会的精心组织实施下，原有的国光中学、国专小学一、二、三、四校和国专幼儿园进行了全面改、扩建，迁址新建了泉州市光前医院，新创办了国光初中、国光二中（高级）、南安工业学校和国专二幼等。还在学村地面上新建了李成智公众图书馆、南安市美术馆（画院）和李光前故居纪念馆。短短十余年，新建校（院、馆）舍近百座，总建筑面积达15万平方米。学村教育规模翻了一番，学校数从6所增至13所，师生数成倍增长，现有教职工800人，学生1万多人。学村的办学水平进入全省前列，有多所学校达到福建省示范学校的标准，全市百分之八十以上的青少年、儿童在这些学校中就读，享受优质教育资源。建馆仅十年的李成智公众图书馆已晋升为国家一级馆，光前医院也达到二级甲等水准。

2004年，光前学村被中国侨联授予科教兴国示范基地的光荣称号。2021年，光前学村被中国侨联确认为第九批中国华侨国际文化交流基地。

光前学村的创办泽被后人，是侨胞爱国精神的历史见证，是增强广大干部群众爱国主义情怀，激发广大侨胞恋祖爱乡之心的重要窗口，对进一步弘扬中华优秀文化、促进中外文化交流、团结凝聚侨心侨力起到积极作用。

06 蔡氏古民居

建筑小档案

蔡氏古民居位于南安市官桥镇漳里村漳州寮自然村，主要由菲律宾华侨蔡启昌及其子蔡资深于清咸丰五年（1855）始建，宣统三年（1911）告竣，前后历时50余年，建成汉式大厝、祠宇、当铺、书房、梳妆楼等23座宅邸。历经百年风雨的洗礼，古民居现存大厝21座，享有“闽南建筑大观园”的美誉。

人物与历史

蔡启昌、蔡资深父子于19世纪中期前往菲律宾谋生，先以香烛业起家，后涉足百货、布匹、木材、家具、铁器等多种行业，成为当时菲律宾屈指可数的富商巨贾。身为成功商人的蔡资深认为“久远之业，商不如农”，他把大量财富用于在故乡建造众多大厝，组成了庞大的民居建筑群。他还广购荒地，组织兄弟子侄在家乡大力垦殖。同时，他热心公益事业，为家乡教育和赈灾事业慷慨捐资。

建筑特写

古民居建筑群内房间近400间，占地面积3万多平方米，不仅规模宏大，而且布局严整，分作五行排列，每行多则六座，少则两座，前后座之间又以宽10米左右的石埕相连，蔚为壮观。古民居多为穿斗式木结构，主体建筑为硬山燕尾脊五开间大厝，左右为卷棚式厢屋。单体建筑多为三进或二进五开间的布局，建筑物中多有晚清文人的题词。蔡氏古民居规模宏大，布局严整，装饰精美，独具匠心，是闽南传统红砖建筑的典型代表。

蔡氏古民居建筑群，座座屋脊高翘，雕梁画栋，门前墙砖浮雕，立体感强，窗棂镌花刻鸟，装饰巧妙华丽，门墙厅壁以书画点缀，别有一番情趣，篆隶行楷，各具韵味，留下较多当时名流的书画。随处可见的木雕、泥塑、砖雕及石雕，工艺精美，多数采用透雕、浮雕、平雕等手法。雕琢内容丰富多彩，有禽兽、花鸟、鱼虫、山水、人物等，图案古朴。古民居精美的雕饰，不仅集中呈现了闽南成熟的雕塑艺术，而且体现了东南亚、南亚、欧

美等地区文化艺术的影响。从远处看，蔡氏古民居就像一把琵琶，一头大一头小，石埕上石板之间的缝隙就像琵琶乐弦。此外，古民居一律青石墙脚、红砖墙身，还有红瓦顶和燕尾脊，属于典型的闽南“皇宫起”大厝。

活化新生

蔡氏古民居入选第五批公布的全国重点文物保护单位。近三年来，南安市筹集资金近3000万元，对它进行大规模保护性修缮。2022年，南安市政府与宝姿蔡安敏慈善基金会就“修缮蔡氏古民居文化瑰宝项目”达成合作协议。红砖墙、白条石、燕尾脊……艳阳下，这颗中国近代建筑史上的璀璨明珠，正以夺目的光芒迎接远方来客。

07 荷山中学

建筑小档案

惠安县东岭镇荷山中学是由爱国华侨刘玉水于1950年独资创办的学校，是惠安县仅有的一所侨办完全中学，也是福建省一级达标高中。学校地处东岭镇荷山村一片形似荷叶的山坡上，东望净峰寺，西挹灵瑞山，背负螺阳城，南濒龙湖水，取其山川毓秀、地灵人杰之祥，故名荷山中学。

人物与历史

1922年，爱国华侨刘玉水（1895—1972）受陈嘉庚教育报国思想的启发和影响，立下“荷校不成死不休”的宏愿，誓言“办一所让农村穷孩子读得起书的学校”。他回乡改荷山旧式私塾为新式学堂，确立“慎毅”校训，提出“力、胆、智、学”的人才观，命名为“荷山学校”，由此开启了荷山学校百年办学历程。1950年秋季，中学开办，招收首届初中学生，同时成立“荷山学校董事会”。而后，在邻近村镇创办西埔、东岭、潘湖、燎原、净峰、延寿等6所小学，为荷山中学提供了充足的生源，也改变了惠东地区几代穷苦孩子的命运。办校以来，校主倾资办学的义举和“以人为本”的大爱思想薪火相传，福建省人民政府曾授予刘玉水金质奖章。老一辈荷中人也铭记刘玉水“慎毅”校训和大

爱思想，严谨治学，为学生树立了楷模。

建筑特写

荷山中学内有座大会堂，始建于20世纪50年代，建筑面积1590平方米，占地面积1270平方米。建筑为砖木石结构，红砖灰瓦，高栋长梁，精美的荷花、荷叶、水波涟漪图案与中国鱼骨纹结合的木吊顶建筑精细巧妙，是数以万计的荷山学子心目中母校的象征。2011年，该建筑被认定为全国文物普查不可移动文物。

建筑保护

荷山中学大会堂因久经风雨、白蚁蛀蚀，出现残损。2022年，学校发出募捐修复倡议，得到海内外校友的积极响应。广大校友们积极出资出力，表达了对母校的感恩之情和对母校发展的热切期盼。每一代荷山学子在各自领域里不断奋斗进取，努力为母校增光添彩。在他们事业有成时，纷纷承继刘玉水的办学精神，如同接力棒一般，尽力为母校建设和教育事业发展做出贡献。

08 德兴堂

建筑小档案

德兴堂，位于永春县蓬壶镇仙岭村，由企业家沈逢源于1937年兴建，1941年落成。该建筑有32间房，5个天井，采用抬梁穿斗式砖石木混合构架，红砖墙灰瓦悬山顶，建筑总面阔36.44米，通进深21.64米，建筑面积1068.51平方米，总占地面积1334.13平方米，为典型的闽南传统民居建筑。

人物与历史

德兴堂又名沈家大院，大院建造者为企业家沈逢源。他一生投身于振兴民族商业，与朋友一起创办“永顺兴行”，规模扩大后改号为“鸿荣行”，并在香港、澳门等地开设连锁分行。1946年，沈逢源组建“南成行”，分行遍及台湾、上海等地。1954年，他又在台湾新竹县投资兴办“新竹玻璃公司”，在香港兴办“立丰织绸厂”，带动了当地轻工业的发展。事业有成后的沈逢源不忘在村中架桥铺路，惠泽乡梓。此外，他还捐资创办仙岭小学，资助贫困学子。沈家大院的大门口和公妈厅的楹联上，刻写着“德兴”二字的藏头对联：“德水自长流，润屋润身定卜肯堂肯构；兴宗期后起，良弓良冶庶几为龙为光”，体现了沈逢源一生诠释的“德兴”追求。

建筑特写

德兴堂的石雕、木雕精美，内容上体现传统文化和民俗风情，如窗棂雕有二十四孝图、八仙（汉钟离、铁拐李等）、古典人物、驾车图和杜牧“清明”诗意图等。屋檐上还有刻花组字“忠孝、仁爱、和平、信义”。建筑内保存有多处诗联题词，很多作品落款皆为名人，包括林森、于右任、邹鲁、梁披云、季守正、陈维恒、林以仁等。如顶厅“德兴堂”题匾系林森于1941年所题。厅边内隔楮有“善为传家宝，忍是积德门”，系朱熹的笔迹和名句。厅外部隔楮有“栖鸾多种竹，爱鹤莫移松”，系于右任所书。

建筑保护

沈逢源的后人将沈家大院捐给当地政府，这座古厝已被列入福建省第十批省级文物保护单位。当地政府对沈家大院进行了较为全面的修缮和保护。

09 永春县夹际小学旧址

建筑小档案

永春县夹际小学旧址，位于永春县仙夹镇夹际村，始建于1946年，为旅菲侨胞发起捐建。

人物与历史

据永春县志记载，永春县夹际小学创办于1910年，办学之初为育才（振东）小学、渊如小学两校，1944年两校合并。1945年，夹际旅菲侨胞发起倡议，筹资新建小学校舍。

1946年，学校选址夹际格仔山下建校舍。第一进由郑崇仰（郑少坚父亲）、郑崇瑞（郑玉书）、郑崇琬、郑崇琇、郑崇壁、郑鸿善、郑玉冰等海外侨亲出资捐建；第二进由海外侨亲郑崇仰独资捐建；第三进由海外侨亲郑崇瑞、郑崇壁、郑崇琬兄弟出资捐建。校舍建成后为夹际村的学子创造了一个风景秀丽、环境清幽的学习场所。

建筑特写

夹际小学旧址位于夹际村最中心的位置，该建筑巍峨雄伟、采光充足、冬暖夏凉。校舍为悬山顶三进式十二对开间，三进依

永春縣夫漈小學

地形建造为猛虎下山型，一进高于一进，空中俯瞰呈“宫”字形对称结构。设有两厅一礼堂，教室和生活用房24间，4个天井，门口为梯形操场。该建筑坐北朝南，抬梁穿斗式土砖石木混合构架，建筑面积2628平方米，校舍占地面积3939平方米，为典型的闽南传统建筑。第一进正中排楼采用灰泥加彩绘堆砌而成，顶部雕塑有地球和雄鹰，雄鹰盘踞在地球上面展翅欲飞，形态栩栩如生。走进一进大厅，映入眼帘的是第二进泥塑和彩绘的精美大牌匾，牌匾上书“世兰纪念堂”，现礼堂内已布置成仙夹镇侨史馆。穿过礼堂两侧走廊，通过两个欧式风格的双扇门，两侧各有石筑长台阶直通第三进校舍。第三进正中筑有由石柱红砖砌成的方形亭子，亭子正面修筑中西合璧风格的牌楼，上面堆塑苍劲有力的“巍亭纪念堂”，是海外侨亲郑崇瑞三兄弟纪念其父亲而命名的。

活化新生

夹际小学旧校址于2020年成为永春县第六批县级文物保护单位。在当地政府的关心支持下，夹际中学原教学楼于2020年拆除重建。2021年秋，新教学楼建成并投入使用，夹际中学和夹际小学合并成九年一贯制学校。夹际小学旧校址部分校舍闲置，于2022年将旧校址部分校舍托管给夹际村委会管理，村委会争取资金对该建筑进行了修缮。

三明篇

01 “第二集美学村”建筑群

建筑小档案

坐落于大田县均溪镇玉田村的“第二集美学村”建筑群是抗战时期内迁玉田的集美高级农林职业学校、集美高级商业学校、集美高级水产航海学校，以及三校联合创办的集美职校附属玉田国民学校旧址的总称。数十座校舍在环境优美的仙亭山东麓的原野上星罗棋布，堪称战时的福建“西南联大”。

人物与历史

1937年七七事变之后，陈嘉庚先生创办的集美各校渐次内迁。1938年11月，集美水产航海、商业、农林等三所职业学校14个班614名学生辗转安溪，定迁大田。先在大田县的文庙、朱子祠、县体育场馆办学。后遭日寇追炸，城郊的玉田乡亲们腾让宗祠、民居43座给集美师生作校舍。在大田民众的帮助下，集美师生一边办学、一边坚持抗战。1940年11月，陈嘉庚特地视察内迁到大田县的集美职校，并作题为《有枝才有花，有国才有家》的抗日演讲。许多师生在陈嘉庚先生演讲的影响下，走上了抗日救亡的革命道路。1946年春，集美各校全部迁回集美，前后经历8年，谱写了“中华民族的抗争史，集美师生的英雄史，大田人民的光荣史，嘉庚精神的传播史”辉煌篇章。

建筑特写

大田“第二集美学村”现有面积3217.5亩，其中防空袭“森林课堂”3000亩，校园面积217.5亩，学村旧址建筑，如陈嘉庚故居（中庭厅）、集美高级农林职业学校旧址（正旺祖祠、梓房祖祠高平堂）、集美高级商业职业学校旧址（观音堂）、集美高级水产航海职业学校旧址（集和堂）、集美职校（商科）、森林课堂旧址等基本保存完整，部分旧教室墙上“诚毅”校训、布告栏和师生字画及抗战标语依稀可见。旧址现存建筑大多属于明清时代建筑，为土木结构、悬山式屋面，整体建筑布局合理，内部雕刻精美。

活化新生

“第二集美学村”建筑群被列入国家级抗战遗址名录、省级文物保护单位，也是省级爱国主义教育、传承红色基因教育、党史学习教育和社会科学教育基地。当地政府修复了一批“第二集美学村”旧校舍、教室，并将“第二集美学村”保护与利用工作列入沪（上海）明（三明）合作重点项目，编制《“第二集美学村”旧址修建性详细规划与设计》，计划打造沪明合作示范街区。

莆田篇

01 远峰厝

（张力 / 摄）

建筑小档案

远峰厝位于仙游县龙华镇貂峰村洪厝30、31号，始建于1958年，由华侨吴嘉模捐资建设，命名为“远峰”，意为“远离家乡跻洋泗地展鸿图，峰叠图屏返里庚投建家园”。现存建筑格局为双座二层七间厢带左右护厝。

人物与历史

吴嘉模（1897—1996）出身于貂峰村一个普通农民之家。1929年，他只身下南洋谋生，学做手工艺。1930年，他在印尼泗水定居，1939年开始创办塑料厂，经过苦心拼搏、诚信经营，逐

渐成为知名华侨。1958年，他返乡建造这栋后来闻名十里八乡的地标性建筑，十几年间花费30多万元。当时，因村里小学校舍不够，精美大厝一落成就借给80多名孩子免费上课3年，村里人感激不尽。

漂洋过海闯荡的吴嘉模，身在南洋，心怀故土。“世人偏爱玉，我意独怜才”，这是吴嘉模的信条。晚年时，他的爱乡之情越浓，兴学报国之念弥坚。1994年春节，97岁高龄的他偕同在外的儿子返乡探亲祭祖。期间，他走访家乡小学，了解办学情况。当看到貂峰小学旧校舍后，他对村两委及乡亲们说：“离乡六十余载，音讯鲜通，此次返乡，得晤详情。捐资办学，利在千秋，要使家乡子孙代代贤，兴学助教我先行，吾本尽乡人之责，捐资45万元迁建新校舍，聊表寸心。”

吴嘉模育有三子，传下十四孙，现裔孙遍布美国、加拿大、澳大利亚等国。“上贤下仿”，好家风代代传，在吴嘉模热心家乡公益事业的示范下，其儿孙继承先辈遗风，并发扬光大，深受家乡亲人的赞誉。

建筑特写

远峰厝中轴建筑由院埕、下厅、天井、顶厅组成，院埕内有井一口。建筑下厅、顶厅均为硬山搁檩造，天井四周厢房一二层均前出单步廊，栏杆作宝瓶柱，空间极其开敞。建筑内部构件尺

（张力 / 摄）

寸与用料比一般建筑大，构造也十分精美，在挑檐斗拱、金檩底部、垂花柱、雀替、连栱弯枋、看架板肚等部位刻以精美雕花，造型与莆仙传统建筑不同，极具南洋风格，并髹漆，局部鎏金，极其讲究。一层的柱子主要材料是石材，二层柱子为红砖，建筑的柜台脚、墙裙、天井等部位均采用规整的石料，工艺精湛。下厅一二层所有开间均前出单步廊，正中央单开间做凹肚，所有凹肚正面及两侧对看堵皆雕有精美图案，建筑正立面同样砌有精美砖花，檐廊有大量雕花，木窗窗棂分隔精致，整体建筑正立面大气美观，带有典型闽南红砖建筑风格。建筑外墙体从下到上分别为块石基础，上压单层条石面板，柜台脚，石块墙裙，上部为夯土墙外贴红砖饰面。建筑使用五段式三川脊屋顶，燕尾脊高高翘起，橙色板瓦色彩鲜艳，檩条端部不做封檐板，而以桁条瓦装饰，山墙面外挂“穿瓦杉”，精巧灵活，独具匠心。

活化新生

2019年，貂峰村侨联成立，吴氏家族慷慨应允将吴嘉模祖厝升级为“侨胞之家”。经精心设计改造，古厝增添了茶室、棋牌室、图书室等文化娱乐空间，同时还通过吴嘉模纪念室、仙游华侨名人事迹展览传承、弘扬侨乡文化。

（张力／摄）

02 东大村小南洋建筑群

（蔡昊 / 摄）

建筑小档案

涵江区江口镇东大村现留有建于20世纪三四十年代的侨乡特色古民居30多栋，如姚丰隆大厝、姚万丰大厝、文德楼、堞楼等一批建筑，兼具东南亚风情与莆仙本土风貌。

人物与历史

东大村（原名东源村）是福泉古驿道入莆第一村，素有“小南洋”之称，早在民国年间就是闻名遐迩的老华侨村庄，出国华侨众多。1892年开始，当地人漂洋过海，远赴南洋，在异国他乡艰苦创业，成就了一部部商业传奇。他们从开设自行车修理铺，到经营名牌自行车的代理权，后期有能力的，甚至开设汽车公司、零件配件公司等，规模较大的车商超过了5000家，形成了“兴化帮”，被誉为“脚车业始祖”。除此之外，他们还在橡胶、银行、石油等行业卓有建树。在事业有成之后，他们不忘回馈桑梓，热心家乡公益事业，捐资助学、修桥铺路、扶危济困，特别是捐资建设医院、学校等。20世纪20年代至30年代，从东源走向南洋的乡亲，纷纷回国建造大厝，以改善居住条件。

建筑特写

东大村第一座华侨民居是姚为祺故居。1930年以前东大村的华侨民居以传统民居为主，1930年以后加入了明显的西洋元素，形成了中西合璧的民居样式，以姚万丰大厝、文德楼等为代表。

姚万丰大厝无论是曲线走廊，还是门顶窗楣，皆镂雕着象征吉祥富贵的图案。亭顶的大阳台用青绿色葫芦瓷斗围成护栏，别致精巧。其建筑格局为五间厢加两边护厝，再延续至下间三厢房双层，外加两栋六角形洋楼式小阁楼。六角亭全为钢筋混凝土结构，五间厢走廊，面墙底部雕琢成须弥座形态，粗大的圆柱涂上红褐色的油漆，光洁平滑。屋檐下的梁栋横竖有序

（蔡昊／摄）

（蔡昊／摄）

地支承着檩条和较大的椽子，每根梁栋都镂刻着精致的花纹并加以贴金，装饰豪华，显得金碧辉煌。大厅内设有前后楣，横踞在大厅空间，拼贴花格。厢房左右边是厢厅，厢厅的两边是护厝，护厝与正厝之间构成有天井院组合，采光良好，通风透气。

文德楼采取中西合璧的建筑形式。建筑外形及立面效仿欧式建筑之风，但装饰和雕花纹样多采用中国传统文化元素。二层有一座攒尖亭子，三层则有一对攒尖亭子，错落有致，相映成趣，具有浓厚的西洋色彩。整体造型既庄重典雅又新颖别致，建筑内的楹联书法皆十分精湛，具有较高的艺术价值。

活化新生

江口镇联合住建部门，对东大村历史建筑进行全面考察，邀请专业设计团队编制保护发展规划，挖掘历史文化基因，目前已有10座侨厝得到了修缮，陆续改造为华侨纪念馆、家风家训馆、民宿、餐厅等。目前，东大村正着力创建省级金牌旅游村，让“十里蒜溪景，百年南洋风，千载驿道情”的文旅图景照进现实。

（蔡昊 / 摄）

03 上后南洋厝

（蔡昊 / 摄）

建筑小档案

上后南洋厝坐落于涵江区上后村，分为王顺隆故居和林文森故居。王顺隆故居始建于1955年，为仿古式七间厢，占地面积1749.67平方米，建筑面积652.48平方米。林文森故居，建于20世纪60年代初，为仿古式七间厢，占地面积2336.68平方米，建筑面积925.68平方米。

人物与历史

印尼华侨王顺隆（1900—1973），出生于上后后郑村，1935年乘船赴印尼锡江市谋生，经过十多年的辛勤努力，从给老板洗汽车做苦工干起，到经营汽车配件生意，后成立南成兴汽车配件公司。1959年，他受邀作为印尼爱国华侨人士参加了国庆十周年庆典。

印尼华侨林文森，童年远赴印尼打工，历经千辛万苦，拼搏起家，独资经营自行车及修配生意，20世纪60年代初回家乡盖起一座仿古式的七间厢。

建筑特写

上后南洋厝是以钢筋混凝土框架与传统砖木结构相结合的回廊式大宅院。至今整体架构保存完整，宅内木雕、石雕、绿豆砂镶嵌画、灰塑彩绘等传统雕饰技艺精湛绝伦。对联字画遍布宅宇四周，中式、南洋、欧式风格的花窗、琉璃、瓷砖辉映成趣。建筑群落颇具规模，艺术构思别有特色，古典文化信息丰富，中西建筑风格交融贯通。

（蔡昊 / 摄）

04 凤门林氏百廿间

（蔡昊 / 摄）

建筑小档案

凤门林氏大厝，俗称“百廿间”，建于清乾隆五十一年（1786），坐落于涵江区江口镇刘井村凤门巷，坐西南朝东北，为三进合院式建筑，通面阔66.09米，通进深72.24米，占地面积3915平方米，是研究清代建筑的宝贵实物资料。

人物与历史

林氏大厝是在明代监军给事中林嵋故居的基础上进一步扩建而来，前后历时13年建成，是江口林氏世居之所。林嵋于明末与朱继祚、林兰友誓死抗清，曾拥立福王，坚守福州府、兴化府。清顺治二年（1645），兴化城被清军攻破，林嵋族人为避清军追杀，从江口通印港乘船漂泊重洋，远渡印尼谋生。林氏家族在印尼从事工艺行业和商贸，在外打拼40多年。

后来，时局稳定，林氏家族才从印尼回归故居，一直从事工艺和商贸，积攒了丰厚的家产。随着江口林氏“聚兴号”工艺商贸的不断发展，林氏家族于清代乾隆时期富甲一方，遂大兴土木，建造了一座规模宏大、结构精美的120间大厝，聚族而居，至今已有230多年的历史。

（蔡昊 / 摄）

建筑特写

林氏大厝主屋面阔五间，前后五进，三、五进间均有门屏、天井相隔。宗祠面阔三间，前后三进，进间以八扇花格门屏、天井相隔。主屋及祠堂均为悬山顶，穿斗式构架，用材较大，雕刻精美。大厝第三进大厅两边，在海蛎壳粉末白灰墙上，清晰地保留了36处“聚兴号”的印记，记载着这一家商号200多年的历史。在这座古民居内，世代传承的“林氏铜铸胎掐丝珐琅工艺”，保留着明代宫廷珐琅技艺的精髓，被业界誉为“南方景泰蓝”技艺。此技艺已被列入莆田市非物质文化遗产。因此，林氏大厝对古民居建筑、华侨史迹、商贸历史、工艺历史的研究都具有非常重要的价值，对清代莆田海上丝绸之路的研究亦有重要参考价值。

活化新生

2000年，林氏大厝被公布为莆田市文物保护单位；2018年，被公布为福建省第九批省级文物保护单位。

05 石城林氏民居

（蔡昊 / 摄）

建筑小档案

石城林氏民居坐落于秀屿区埭头镇石城村寨外自然村，建造于清末，是爱国华侨林和义的旧居。

人物与历史

林和义（1909—1994），新加坡海洋油轮公司及石油贸易商兴隆贸易私营有限公司的创始人。林和义年少时，正值兵荒马乱、海匪猖獗。为了生计，少年林和义跟着亲人去往异国他乡。多年的谋生经历让林和义有着比常人更丰富的生意经验。在经历了一次海上风暴后，他开始和兄弟合作做起石油生意，而这便开启了莆田人在新加坡做石油生意的历史。改革开放后，他多次回乡探亲，并在祖国大陆投资，建起了涉陶瓷、石化、易拉罐、珠宝等领域的现代化企业。林和义一家人热爱桑梓，先后多次捐助家乡各项公益事业，曾捐建石城至埭头公路、埭头医院、笏石医院、莆田学院实验楼，并3次改建和增建石城学校，使石城学校成为莆田市最漂亮的村级学校之一。

（蔡昊 / 摄）

建筑特写

石城林氏民居坐西朝东，通面阔20.3米，通进深18.6米，建筑面积377.6平方米。为合院式建筑，由院埕、左右两侧厢房及正厅组成。悬山顶，土石木结构。正厅面阔五间，明间山墙搁檩，左右次、稍间分上下房，均有阁房。两侧厢房面阔二间，进深8.16米。柱、梁用材较大，柁墩、雀替简约古朴，存有清、民国时期石构件。石磨、石墩等石物件摆放有序，仿佛在诉说历史的沧桑、岁月的更替及主人的勤劳朴实。在这座旧居中摆放着两个特殊物件，铁锚和螺旋桨，这是特意从新加坡运回来的，这两个物件象征着主人深厚的海洋情结和劈波斩浪的打拼精神。

活化新生

近年来，当地深入挖掘石城林氏民居背后的历史故事，着力打造石城林氏民居侨房品牌，助力促进当地文旅融合发展。通过开展具有特色的侨房风采活动，结合现代媒体技术以及旅游宣传等平台，加大宣传力度，让侨乡故事走出侨房，让更多的游客走进石城林氏民居，感受古宅侨厝的魅力。

龙岩篇

01 潮海楼

建筑小档案

潮海楼位于新罗区东肖镇溪连村，楼主为印尼华侨张潮海、张炳坤兄弟。大楼始建于1948年，于1950年落成。

1951年3月，厦门大学理工学院曾内迁龙岩白土镇著名的侨村溪兜村（现为东肖镇溪连村）办学，此楼就是当年厦大理工学院教授的居住地之一。

人物与历史

张潮海出生于1909年，胞弟张炳坤出生于1911年。1927年，因家庭贫困，两兄弟随亲友前往印尼雅加达谋生。一开始从事苦力、小贩等职业，略有积蓄后便开店营商，辛苦打拼多年，逐渐立下根基。

兄弟俩身在异乡，魂牵故里，出资建造潮海楼，让母亲颐养天年。同时，还热心家乡文化教育事业，为家乡修路铺桥、护堤筑坝等。1949年，正值国家困难时期，他们曾一同向家乡捐献了粮食。张潮海拥护中国共产党，热爱新中国，1950年11月时，还支持长女张月娇参军并积极捐助公债、军粮。

建筑特写

潮海楼坐北朝南，为“厅屋结构”组合式楼房，占地面积1300多平方米，建筑面积800多平方米，兼具南洋和龙岩本土建筑风格。全楼共有16个房间，主楼2层，青砖灰瓦，垂拱骑楼搭配淡红色的墙体。该楼分上下厅，上厅是主厅，为待客设宴、举行仪式的场所，主厅两边各有两间大屋；下厅为门厅，两边也是供人居住的房间；上下厅之间有天井，天井两边各有一间小厢房及厨房。前、后两堂与左右横楼连成一体，前低后高，主次分明，飞檐翘角，错落有致。

活化新生

2013年，潮海楼连同溪连村五星楼、艺丰楼、玉声楼、振声楼、声远厝、怡燕堂、张文川旧居等8栋华侨建筑被列入新罗区第三次全国文物普查不可移动文物名录。当地坚持“保护为主，抢救第一，合理利用，加强管理”的保护方针，利用潮海楼厦大旧址的历史原貌和建筑特色，进行氛围布置、文化宣传，重新设计为陈列展示馆。

02 虎豹别墅

建筑小档案

虎豹别墅地处永定区下洋镇中川村。它是20世纪40年代末著名爱国侨领胡文虎筹建的别墅，取兄弟二人姓名末尾之字而得名。1993年，胡文虎之女胡仙出资进行整修后，将其开辟为“胡文虎纪念馆”。

人物与历史

胡文虎（1882—1954），著名的华侨实业家、报业家、慈善家。祖籍永定，生于缅甸仰光。清光绪十八年（1892）回国求学，成年后继承父业，经营仰光永安堂国药行。他被称作“万金油大王”“报业巨子”。本着“财自我聚，当自我散，取诸社会，而用诸社会”的宗旨，他热心于文化教育和医药慈善事业，提出“爱国是华侨的天职”。胡文虎除在新加坡捐建十多所学校外，也曾在国内捐巨款，拟建千所小学，其中福建百所，因抗日战争爆发，只建成了其中一部分。他还曾为上海大夏大学、广州中山大学、岭南大学、福建学院（今福建师范大学前身）以及几十所中学慷慨捐资。在国内外捐建的医院有南京中央医院、福建省立医院及养老院、孤儿院、残疾院、麻风病院共 40多所。64岁时，胡文虎计划回乡养老，他亲自参与别墅的结构设计。

建筑特写

该别墅为砖木结构，外圆内方，前低后高，三层楼房，形似下山老虎，占地2730平方米。它采用砖木混凝土结构，琉璃瓦顶装饰，高擎的圆石柱，质朴的木楼梯，明亮的大阳台，古雅的玻璃瓦，重叠的亭阁顶，回环的内通廊，无不显示中西合壁的建筑风格，折射出浓郁的中国传统文化的韵味，又融合了西洋建筑风貌，富有侨乡建筑独有的风格特色。

活化新生

1993年3月，胡文虎的女儿胡仙首次回乡期间出资对虎豹别墅进行整修，并设立了“胡文虎纪念馆”。胡文虎纪念馆开辟了26个展室，珍藏了胡文虎兄弟生平大量珍贵照片和文字资料，记载了胡文虎及其家族成员对国家、对民族、对家乡所做的重要贡献。如今，这里已成为永定侨乡重要的爱国主义教育基地。

03 安泰楼

建筑小档案

安泰楼建成于1918年，位于漳平市菁城街道平等西巷24号，是漳平华侨黄冠文先生的故居，由其父亲黄履祥建设。安泰楼是黄履祥用其经营的药房“来安堂”和其本名黄福泰中各取一字缀成“安泰”二字命名。1984年，黄冠文返乡对该楼进行了修缮。

人物与历史

黄冠文（1914—1993）从事海外华文教育工作30余年，是诲人不倦、爱国爱乡的海外侨师典范。从4岁入住安泰楼到14岁考入集美师范前，黄冠文都居住在此。这里承载了他的年少时光，孕育了他的家国情怀和乡愁记忆。

黄冠文先后毕业于集美师范、厦门大学教育系，曾任职于永安中学、国立第一侨民师范学校等。1946年秋下南洋，在新加坡、印尼万隆的华文学校任教，致力于弘扬中华文化。

“一别故园卅五年，江山景物思量切。”黄冠文在印尼的椰风蕉雨中，始终念着自己是中国人、是漳平人。他每次回国探亲都会传递海外游子的“纸短情长”，故被称为“传递讯息的天使”。他见证家乡沧桑巨变，在海外侨界奔走联系，宣讲国内发展变化，是漳平籍著名侨领陈大江等回乡捐赠、投资兴业的“引路人”。

1984年，黄冠文回乡修葺安泰楼时写下《安泰楼记》，在回乡居住的一年里，他游历家乡山水，写下了《大桥颂》《双洋吟》等热情洋溢的诗文。而今，安泰楼在其海外后人不懈努力、用心维护下保存良好，二楼厅堂中悬挂着的“安泰楼”木匾字迹依旧分明，“黄冠文纪念室”内的照片保存如初。这座百年侨厝不仅是寄托赤子情的乡愁见证，更是传承桑梓情的记忆载体。它见证了中华儿女心怀家国天下、坚守祖源根脉的深情，承载了永恒不变、历久弥新的侨乡人文光辉。

建筑特写

安泰楼坐西北朝东南，是一座二层土木结构厅堂院落式古民居，占地面积约640平方米。一楼设计布局合理、规模较大，中轴建筑由外坪、内门、天井、正厅（二层楼）、后院组成，门楼设在天井左侧，三开间，门前立1对门枕石，门扣为铜质镂空八卦双环，门楼斗拱飞檐。院内设计实用高雅，天井内有花坛、鱼池等。正厅设屏门，面阔五间，进深二柱带前廊，前廊穿斗木构架，歇山顶。院内门窗雕刻花卉、动物等吉祥图案。墙上绘有彩壁画，承载着那个年代的文化风尚。

宁德篇

01 “金翼之家”

建筑小档案

“金翼之家”是中国民族学家、人类学家、历史学家、社会学家和民族教育家林耀华的故居，建于1915年。该故居与相邻古厝形成庞大的古民居群，其后裔数百人旅居世界各地，多为学术界、商界翘楚。

人物与历史

林耀华（1910—2000），出生在宁德市古田县岭尾村（今黄田镇金翼村），是与费孝通齐名的一代宗师、学界泰斗。他1937年赴美国哈佛大学攻读人类学，获哲学博士学位。1941年回国任教。1940年，林耀华以自己的家乡、家族为原型，以小说体撰写了蜚声海内外的人类学名著《金翼》一书，通过小说中张、黄两家在社会生活与经济变迁中的兴衰沉浮，刻画出了中国南方乡村生活的全景。《金翼》一书中介绍林耀华故居后有座山形似金鸡，故居就位于金鸡之翼上，故称“金翼之家”。

建筑特写

“金翼之家”占地800多平方米，采用中国传统的清式建筑布局，房间数量达到60多个。屋子前后耸立两座塔楼，大厅雕刻着精美的梁木，内部天井宽敞明亮。所谓“一重天井一重天”，此格局正符合中国古典建筑“天人合一”的理念。

活化新生

2014年，当地党委政府按照“修旧如旧，完善提升；再现黄村，体验民俗；元素完整，功能齐全；教学休闲，典雅实用；保护经营，持续弘扬；面向全国，走向世界”的原则，对故居进行修缮。经修缮改造后的林耀华故居成为展示其生平事迹和学术成就的展馆，并成为宁德华侨文化交流基地、宁德市爱国主义教育基地。目前，已有清华大学、北京大学、浙江大学、云南大学等20多所国内知名高校、单位将这里作为教学实践和研究基地。

平潭篇

01 林日润故居

建筑小档案

林日润故居坐落于平潭综合实验区金井镇美楼村。故居始建于1912年，距今已有110多年历史。古厝坐北朝南，建筑总面积为324平方米，深27米，宽12米，高约七八米，石木砖瓦双层结构，厝内有四扇三间两进一天井两书院，格局清晰鲜明，既有南洋建筑明快流畅的色彩韵味，又保留中国古色古香的建筑格调，是平潭保存最为完好的一幢南洋古厝。

人物与历史

林日润是平潭著名的爱国侨领，7岁丧父，19岁因贫困所迫南渡新加坡谋生，后转至印尼，从肩挑小贩开始一路拼搏，先后发展创办源美卡有限公司、面粉厂、豆腐厂、养猪场等。1928年在印尼捐巨资创办华文小学“增基学校”，着力培养华人子女学汉语。1937年，林日润与林孝经等人在印尼发起成立的印尼泗水东岚公会，是平潭人的第一个海外华侨社团，林日润出任公会顾问。抗战期间，林日润积极发动海外同乡，募捐6000多盾荷兰币汇回平潭，支持家乡抗战；1943年，由于战乱，连年饥荒，他带头募捐银元一万元寄回家乡平潭，以捐款为基金，购粮救济受灾岛民。抗日战争全面爆发时期，为支持中国人民解放事业，他在印尼发起并成立中华慈善总会，积极募集抗战款项、物资，支援祖国，并带领华侨及当地人民共同抗日。1957年4月，他当选为福建省侨联委员。

建筑特写

这座古厝的雕刻技艺独具匠心，外墙檐板上刻有人物、花草、水果等图案，石雕雕刻精致，题材内容丰富，设计颇具大家风范。墙面中部四块区域，用不同颜色的进口瓷砖（俗称“荷兰砖”）装饰，花格铺锦，色彩缤纷。进入大门，迎面而来的是一个木制屏墙，上部屏墙依梁柱分割成3个部分，中间是一块巨大的“团寿”浮雕，其余两侧为镂空造型，上面嵌着字，分别为“耕云”“读雪”。梁、柱、窗、门皆饰以木雕图案，祥鸟瑞兽，穿插于奇花异草之间，品种繁多，绚丽多彩，栩栩如生。繁复精美的雕刻爬满屏墙四周，华美而又不失典雅。抬头仰望屏墙顶部有一幅描金长卷，灯梁两头雕刻出生动逼真的八仙形象，人物须发毕现，神情活泼，雕面鎏金，耀眼夺目。

后　记

福建是著名的侨乡，拥有众多的华侨建筑（群），这些建筑承载着丰富的历史文化内涵。此次，我们采英撷萃，将散落在八闽大地上的精美侨厝串珠成线，呈现在各位读者的眼前。

为保证所选样例在历史与当下、建筑与人物、保护与活化等多维度充分呈现福建侨厝的艺术价值与人文价值，展现福建侨乡深厚的文化底蕴和闽籍华侨华人的“根魂梦”，本书从各地征集的74处侨厝素材中选出43处予以精心编排。

我们的遴选和编审原则如下：

一是着眼于建筑本身的历史价值和艺术价值，优先选择被列为省级以上文保单位和不可移动文物的侨乡历史建筑（群），或在建造工艺上极具代表性的建筑。

二是着眼于建筑背后的人文内涵，如建筑出资人是具有影响力的侨界代表人士，或建筑承载的故事能够生动地体现华侨精神、华侨文化。

三是着眼于建筑在空间活化利用或传承弘扬侨乡文化方面较

有成效、可资借鉴的优秀案例，突出反映侨乡文化的当代价值。

还需说明的是，本书涉及人物事迹、评价等方面的描述，我们根据权威词典和主流媒体报道进行了核实工作，确保涉及人物符合本书的编撰意旨。

我们要感谢各地统战部（侨办）和所有参与编纂的人员和单位，他们的辛勤工作和奉献使这本书得以顺利完成。

我们也必须承认，在丰厚的侨厝资源“富矿”面前，虽然我们做了积极努力，终究受限于资料完整性和表达精准性不足，以及时间仓促等原因，难免挂一漏万，恳请亲爱的读者不吝指正，使我们的编纂工作不断臻于完善。

图书在版编目（CIP）数据

侨厝流芳：福建侨乡揽胜 / 福建同心文化丛书编委会编. -- 福州：福建人民出版社, 2025. 6. --（福建同心文化丛书）. -- ISBN 978-7-211-09862-0

Ⅰ. D634.1

中国国家版本馆CIP数据核字第2025AD5113号

侨厝流芳——福建侨乡揽胜

QIAOCUO LIUFANG——FUJIAN QIAOXIANG LANSHENG

作　　者：福建同心文化丛书编委会　编
责任编辑：陈稚瑶
美术编辑：白　玫
责任校对：李雪莹
出版发行：福建人民出版社　　电　　话：0591-87604366(发行部)
网　　址：http://www.fjpph.com　　电子邮箱：fjpph7211@126.com
地　　址：福州市东水路76号　　邮　　编：350001
经　　销：福建新华发行（集团）有限责任公司
印　　刷：福州德安彩色印刷有限公司
地　　址：福州金山工业区浦上B区42幢
开　　本：700毫米×1000毫米 1/16
印　　张：13.5
字　　数：138千字
版　　次：2025年6月第1版
印　　次：2025年6月第1次印刷
书　　号：ISBN 978-7-211-09862-0
定　　价：58.00元